华夏文库·儒学书系

仁心与仁政

孟子

袁晓晶 著

大地传媒 中州古籍出版社

《华夏文库》发凡

毫无疑问,每一个时代都有属于自己时代的精神追求、文化叩问与出版理想。我们不禁要问,在 21 世纪初叶,在全球文明交融的今天,在信息文明的发轫初期,作为一个中国出版人,我们正在或者将要追求什么?我们能够成就或奉献什么?我们以何种方式参与全球化时代的文化传播进程?在一连串的追问下,于是,有了这套《华夏文库》的出版。

自信才能交融。世界各大文明在坚守自身文化个性的同时,不约而同地加快了探视其他文化精神内涵的步伐,世界不同文明正在朝着了解、交流、碰撞、借鉴与融合的方向前进。在此背景下,建立自身的文化自信,正是与世界各文明民族进行文化交流的基本要求。五千年中华文明与文化正在不断地被其他文明所发现、所挖掘、所认知,汉语言正在生长为世界语言,儒文化正在世界各地生根发芽。

借助这样一种正在成长着的文化自信、自觉、开放、亲和之力,用我们这个时代的学术眼光全面系统梳理中华五千年的文明与文化,向其他各大文明与文化圈正面展示自我,让中华优秀文化成为世界文化的重要组成部分,正是我们出版这套文库的目的之一。此其一。

知己才能知彼。身处五千年文化浸润的今天,重新思考我们先人的人生思考、价值思考与哲学思考,找到一个民族、一个国家的价值所在、立命所在、安身所在，这已经是我们这个时代的学人与出版人不得不再思考的问题。作为中华文明的一分子，我们在思考的同时，还必须了解我们的先人创造了如何优秀的精神文明与物质文明以及社会文明。只有熟知自己的文化，热爱自己的文化，悟明自己的文化，我们才能宣说自己、弘扬自己、光大自己。因此，我们策划组织这套《华夏文库》的初衷，还在于让当下的知识青年全面系统瞭望中华文明与文化的全景，并借此能够对更为深广的世界各民族文化提供一个比较认知的基础。此其二。

顺势才能有为。我们正处在农耕文明、工业文明、信息文明的交汇处，信息文明带领我们从读纸时代进入读屏时代，以智能手机屏幕为代表的书籍呈现方式正在与纸质书籍争夺阅读时间与空间。我们正在领悟数字技术，正在以信息文明的视角，去整理、分析和研究农耕文明与工业文明的文化遗产，不仅仅是为了唤醒优秀的传统文化，我们还在生发和原创着当今时代的文化。由此，我们试图架起一座桥梁——由纸质呈现而数字呈现，由数字呈现而纸质呈现，以多媒介的书籍呈现方式，将文字、图像、声音与视频四者结合，共同筑成《华夏文库》以奉献给信息文明时代的新读者。此其三。

总之，这是一套——专家大家名家写小书；以最小的阅读单元，原创撰写中华精神文化、物质文化与社会文明系列主题与专题；以图文、音视频多媒介呈现的方式，全面介绍与传播中华文明与优秀文化，系统普及与推介中华文明与文化知识；主旨是为了让世界与中国共同了解中国的——大型丛书，借此，复兴文化，唤起精神，融入世界。

耿相新

2013 年 6 月 27 日

目 录

引言 仁义之道 ·· 1

一 亚圣的思想遗产

1 亚圣孟子 ··· 6

2 《孟子》其书 ·· 31

3 《孟子》的命运 ······································ 39

二 返本开新
——看《孟子》如何传承儒学的道统

1 文以载道
——儒家血脉的传承 ································ 57

2 反思仁义
——儒家精神的张扬 ································ 68

三 内圣外王
——跟《孟子》学习儒家的王道政治

1 王者之仁
——理想的君王风范 ································ 80

2 王者之政
——先进的治国之道 ································ 86

四 尽心知性
——《孟子》给我们的人生智慧

1 义利之辨 ································ 105
2 不动其心 ································ 109
3 反身而诚 ································ 112
4 浩然之气 ································ 115

结语 在今天重温古老的智慧 ································ 120

小知识目录

儒门后生：各有千秋，各领风华 ……18
诸子百家出处 ……20
"二十四孝"的故事 ……28
儒家的教育妙招 ……28
儒门后学的"秘密"：出土文献中的先秦学术 ……38
古文运动 ……45
三教融合 ……46
道教的神仙谱系 ……47
唐代的迎佛骨活动 ……53
古代的官学 ……54
"笔则笔，削则削"的春秋笔法 ……65
六艺 ……66
战国风云 ……76
三代故事 ……90
神秘楚乐 ……91
昏君亡国 ……100
管仲之辩 ……101
人性的万花筒 ……118

引言

仁义之道

大约公元前290年，在今山东邹城——这座齐鲁之地上的一个要塞咽喉之城，一个年过半百的老人与几个弟子正围坐于火炉边，严肃地讨论着什么。坐在中间的，便是孟轲。此刻，他正给弟子万章等人传授着自己毕生的思想，这些思想都被收入《孟子》一书中。这部书成为日后影响儒家道统和华夏文明的一部经典著作。

孟轲在结束了游历各国的生活后，返回家乡，开始反思自己一生的思想与遭遇，这也成为他留给世人最珍贵的遗产。孟子生活在战国时代，当时，正是政治动荡、社会转型、思想百家争鸣的纷繁乱世。孟子在这乱世中所思考的问题，都与我们当下所生活的时代有着内在的相似性。我们在一个全球化、网络化的时代生活，每时每刻都面对着各种不确定与冲突，世界局势的千变万化、民主政治的纷繁复杂、生活世界的躁动不安，都迫使我们认真地反思：我们究竟从哪里来？应该到哪里去？哪一种价值才是我们所信仰的？哪一种生活才是我们所期许的？什么样的政治才是我们最好的选择？我们究竟想成为怎样

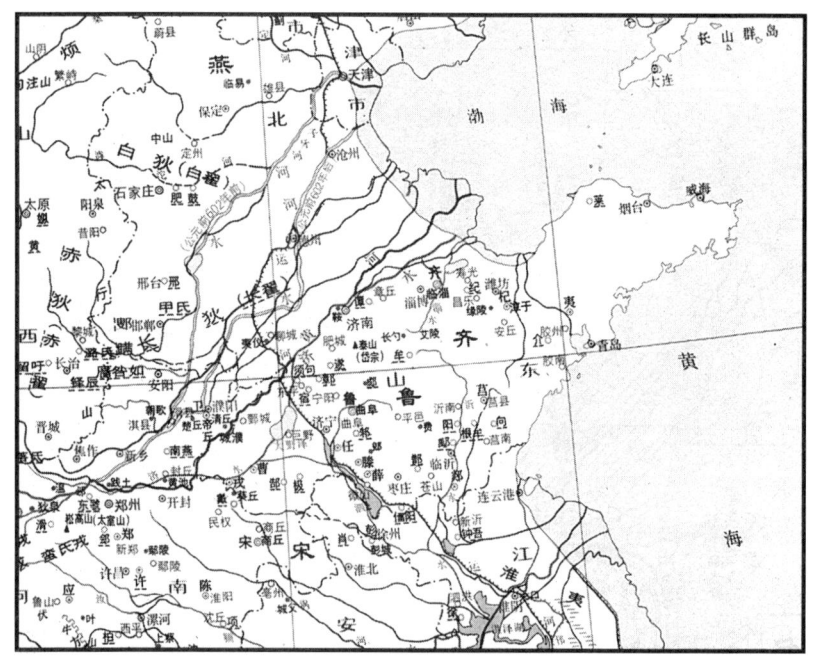

齐鲁地图

齐鲁位于黄河下游，临东部沿海。在地理位置上，齐鲁之地与现在山东省的区划基本重合，但是，这是经过了很长时间才慢慢形成的。这里便是孟子的故乡

的人？我们如何才能在各种选择中找到属于自己的理想？

　　这些困扰着现代人的问题，同样也困扰着战国时期的古人。只是，今天的我们遭遇的是来自世界不同地方的各种文明所带来的冲击；而战国时期的人，则是面临着礼崩乐坏之后各种思想风潮的冲击。《孟子》一书，积累了孟子毕生的思想精华。它从人的本性谈起，一一为我们解答了人应该如何在乱世中成为一个有"浩然之气"的君子；应该如何以自己的"仁政"去管理他人，成就儒家理想的"王道政治"；

应该如何在各种复杂的境遇中，"由仁义行"，确立自己的精神信仰，选择自己的生活之道。《孟子》一书中的思想博大精深，归根结底，阐述了儒家理想中关于如何成为君子，实现"内圣外王"的人生价值的深刻道理。这对于今天的我们而言，是一泓来自传统的清泉，若源头活水般为我们的思想世界注入恒久弥香的智慧，让我们从繁冗的生活中拨开乌云，看见一抹晴日的光明与希望。

时至今日，越来越多的人意识到了儒家思想能为现代社会输入新鲜的精神血液。儒家思想的精髓不仅影响着中国人的生活，而且已经开始在世界舞台上与其他精神文明进行着平等而积极的对话。

作为诞生于邹城的一部传世经典，一份儒家文化献给世界的珍贵礼物，今天，就让我们走入《孟子》一书中，去探索、发掘这座充满力量的思想宝库。

一 亚圣的思想遗产

孟子,是先秦时期继孔子之后又一位儒学宗师,被称为"亚圣",地位仅次于孔子。在儒家文化中,经常"孔孟"并提,这一方面说明了孟子地位的重要性,另一方面也说明了孟子的学说与孔子学说的内在联系。孟子在许多方面继承并发展了孔子的学说,在儒学思想史上树起了又一面旗帜。他的思想对后世产生了深远的影响。

邹城孟府

孟府是孟子后人居住之所。元至顺二年（1331年），孟子被封为邹国亚圣公，自此孟府也称亚圣府

1. 亚圣孟子

中华文明的源头，可以追溯到夏、商、周时期。它宛如一条蜿蜒的河流，贯穿了黄河的中下游流域，浇灌了作为文明沃土的东部沿海齐鲁之地。如同在大地上蔓延着的血脉般，文明也浇灌、滋养着这一路的风景、气候，形成了中华文化独有的气质。

在人文道路上，三代之治，为华夏文化奠定了深厚的根基，同时也孕育了厚实的文化基质，成为滋养后人的养分，培养着代代豪杰。但是，历史总是在曲折中前进。虽然周代有文王、武王这样的圣君，又有周公这样的名臣，可是到了东周，周王朝的命运还是进入了风雨飘零之中。最终，周天子的地位一再地被挑战，各诸侯大夫纷纷僭越称王，兵戈相争，把天下推入了礼崩乐坏的境地。

在这样的背景下，不少先贤智者纷纷为天下戚忧，建立起自己的学说。于是，有了影响中国千年文化的儒家、道家、墨家等学派。齐鲁大地是儒家文化的孕育之所，孟子的学说就是在这里开始孕育、发展、成熟的。

孔子是儒家学说的创立者。孔子的时代，天下处于春秋大乱之中。

亚圣诞生
孟子诞生在位于齐鲁之地要塞处的邹城。邹城是山东西南面的小城,历史非常悠久。考古发现的野店遗址,证明了此地在新石器时期就已经有人类生活的痕迹了。现在的邹城,属于济宁市下辖的县级市,市内山脉绵延,气候温润,又有丰富的文化遗产,是一块风水宝地

虽然孔子有弟子三千,可是真正学有所长的却不过百人。而这些人,又因为所接受的教育不同和自己的能力所限,对孔子的思想有不同的理解。据《韩非子·显学》记载,孔子去世后,儒家分为了八支,像子游、子张、雕漆氏等儒生,思想上的差别都很大。虽然韩非子的这一说法并不一定完全准确,但是从中却可以看出,孔子之后的儒家,体系变得更为复杂,思想也更加丰富。

孟子生于公元前 372 年左右，此时距孔子的时代，已经相去甚远。孟子出身平凡，我们只能在《韩诗外传》中得知一些关于孟母教子的故事。从"孟母三迁"的故事中，我们大概得知，孟子少年时从母亲那里得到了良好的家庭教育。

在战国时期，私人授学已经非常流行了，可是关于孟子的老师是谁，大家一直以来也都充满了疑惑。在《孟子·离娄下》中，孟子说："予未得为孔子徒也，予私淑诸人也。"淑，指取得的意思。通过这句话，就知道孟子不是直接从孔子后人那里学习儒学的，而是私下跟别人学的。可是，这个不出名的老师是谁呢？孟子自己却没有明说。

虽然孟子的出身并不显赫，但他凭着天资聪颖和对儒学的热衷，成为孔子之后又一位发扬儒家学说的传世大儒。孟子一生多半在周游列国中度过，他到过齐、宋、邹、鲁等多国，遇诸侯公爵无数，与当时的名士、各派思想家辩论不止。

周游列国

"周游"是春秋以来士阶层投身社会最常见的途径。孟子从中年开始周游列国。追随孟子的脚步，我们可以看到孟子在传奇的一生中留下了多少传播儒家文化的珍贵足迹。

孟子适梁：王道之制

《孟子》中记载最多的恐怕还是孟子在梁国时的言论。孟子五十余岁的时候，梁惠王向四方征召贤士，孟子便前往梁国，与梁惠王讨论仁政之道。可惜，虽然他设计出了"王道"的制度，但是最终却未付诸实践。

当梁惠王问孟子"何以利吾国"时，孟子严肃地批评了梁惠王这种只谈"利"的政治观点。在孟子看来，一个好的国家政治，应该是恩惠于百姓的政治。所以，孟子提出了"王何必曰利？亦有仁义而已矣"。王有仁者之心，"今恩足以及禽兽"。以此例出发，孟子说"是心足以王矣"。这是孟子阐述施行"仁政"的先决条件和必要条件。这个条件可以理解为心之本体，这在之后的章句中有更为详尽的阐述。但在此章中，可以理解为政之本体，但凡"仁政"的施行皆由此而发。若王无此心，则此道不可行；若王强行此道，却无此心，则行之有偏；王若不依此心而行，则是"贼"，是戕害了本性，即戕害了仁义，这是孟子所反对的。既然王者有仁心，则必可施"仁政"。

关于"仁政"，《孟子》中还提出了很多具体的制度。例如孟子提倡"井田之制"，提倡鳏寡孤独皆有所养，幼有所教，老有所依，这些具体的制度设计，成为今天中国社会保障制度的根源。虽然在当时，梁惠王未能听孟子所言——行"仁政"，但是这些制度却深深影响了后世中国社会制度的建构，可见孟子之德，志在千秋，功在万代。

孟子至齐：推崇孝道

孟子到了齐国后，与匡章有一段时间的交往。匡章是齐国的一员大将，为国家兴盛立下了汗马功劳。但是，在齐人看来，匡章却不是一个有孝心的人。

《孟子·离娄下》记载了一段孟子的弟子公都子和老师之间的对话。公都子问老师：齐国人都觉得匡章不孝，而您却要和他交往，以礼相待，这是为什么呢？孟子对弟子说：大家通常所说的不孝有五种。第一种是太懒惰了，不好好赡养父母；第二种是滥赌嗜酒，不好好赡养父母；第三种是贪财货，只顾自己的老婆孩子，而不赡养父母；第四种是自己放纵感官之欲，使得父母也跟着一起受到羞辱；第五种是自己太好斗，打架斗殴，危及父母的生命。匡章在这五种不孝中，是哪一种呢？好像都不属于这五种。匡章是因为父子之间互相责求善行而不能相处在一块儿的。责求善行，这是朋友相处的原则；父子之间责求善行，却是大伤感情的事。匡章也很想孝顺父亲，一家团聚。可是因为匡章的母亲得罪了匡章的父亲，父亲便把母亲杀掉，并埋在了异地。之后，还把匡章也赶到远方，终身不想要他的孝敬。匡章也是非常无奈啊！

　　历史上关于匡章与他父亲之间的孝的问题，一直是人们的疑惑。儒家讲"父母在，不远游"，而匡章身处远方，不亲自赡养父亲，百姓一直都不能理解。可是在这里面却有着深层的根源。匡章的父亲是个非常专制的人，他因为对妻子生气，而把妻子杀了，把儿子赶出了家门。

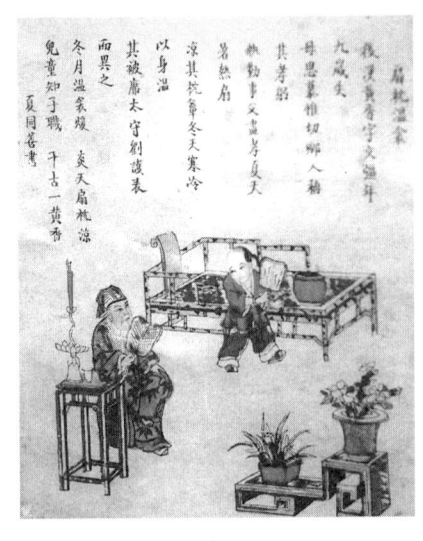

黄香温席

汉人黄香，因为冬日严寒，担心父亲着凉，每天入夜前，就先替父亲温席，自小就开始这么做，坚持了很多年。可谓在平凡的小事中，体现出了孝的感动来。通过这个故事，可以看出孟子所提倡的"孝道"是于细微处表达对父母的爱

匡章后来随齐王打了胜仗，本可以帮母亲迁坟，但是他知道这样做，就等于欺骗死去的父亲，于是放弃了这样的做法。虽然很无奈，却可以看出，他对父亲的敬重和他对父母之孝的无奈。我们每个人都希望能好好孝顺自己的父母，但是很多时候，孝并不是那么简单。如果遇到了专制的父母，或者荒唐的父母，"孝"就会变得复杂。所以，要做到孝，首先也是要做好人。做人和行孝二者之间是相互关联的。如何行"孝"，在很多时候并不是简单地去赡养父母，而是要真心地为父母着想。一个人要替他的父母着想，就必须站在父母的角度，这不仅需要日常的沟通，更需要有一颗善良而敏锐的心，或许还会因为面对复杂的情况，要动动脑筋。

我们在今天也非常提倡"孝"，可是许多年轻的朋友都误解了"孝"的意义，以为"孝"就是听话，或者按照父母的安排去过自己的人生。甚至一些已经做了父母的人，也还未能了解"孝"的深意。其实，"孝"看起来简单，但是做起来很复杂；想起来似乎很复杂，但实际上又很简单。"孝心"是人的本心，只要从人的本心出发，就可以很好地行孝。当我们与父母意见相左时，我们应该多多与父母沟通，聆听他们的心声；当我们想用自己的方式表达对父母的爱时，更要考虑一下，这是不是父母想要的爱。其实，行孝就是行自己的真心，只要不悖于本心，就可以"行孝"。

还有一个著名的例子是舜的故事。舜的父亲瞽叟对舜很不好，他与舜的继母和弟弟象总欺辱舜，甚至还想杀死舜。可是，舜仍然坚持着对父亲的孝，实在是难能可贵。桃应问舜：如果你的父亲杀了人怎么办？舜回答：在不破坏法律的情况下，同意对自己的父亲进行追捕，但是，他要放弃君主之位，背着父亲逃到不受法律制裁的偏远之地。在"江山"与"行孝"之间，舜选择了"孝"。可见，本心中的"孝心"有着非常强大的力量。

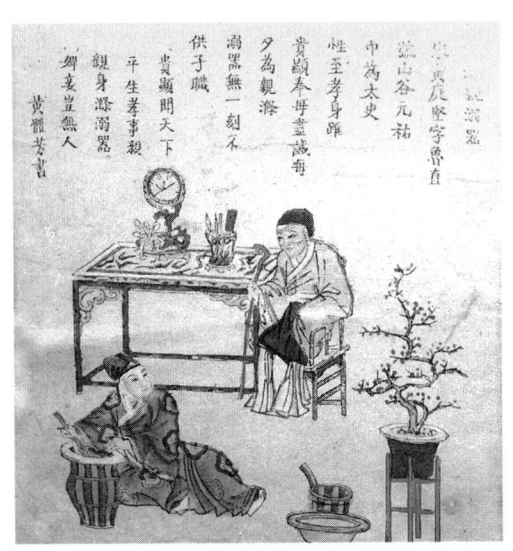

黄庭坚侍母

黄庭坚（1045～1105年），宋代著名文学家、书法家。可是他名声再大，也不妨碍他孝顺自己的母亲。他一直坚持每晚都帮母亲清洗便盆，几十年如一日，可谓至诚至孝

孟子至宋：崇尚民本

孟子离开齐国之后，到了宋国。宋国，在今河南商丘一带。在那里，他见到了以太子身份出使楚国的滕文公。在《孟子·梁惠王下》中，给滕文公上了一堂关于"民本"的课。

虽然滕属小国，但是它的来历却不可小看。它是姬姓周朝王室的嫡系后裔，可谓正宗的王室血统。自春秋到战国，它以小国之身，抵挡住了外来的侵犯700余年，可谓真正意义上的强国了。滕文公问孟子，夹在齐国和楚国中间的滕国，究竟该如何做呢？孟子回答，在他看来只有一个主意：挖深护城河、加固城墙，君王和百姓一起

来保护它，宁肯献出生命。这样，百姓都不离开，就有解决的办法了。后来就这个问题，滕文公还有一系列的疑问，可见他是一个非常关心滕国存亡的君主，孟子也非常诚恳地回答了他的疑问。其实，所谓外交的问题，其根源还是在于内政之和谐。如果百姓觉得这个国家值得居住，并肯为它的安危献出生命，那么外交上的难题就容易解决了。如果从今天世界的局势来看，就更好理解了。那些连本国民众的情绪都无法安抚，对本国百姓的安危都置之不理的政府，最终不是被本国人民推翻，就是被外来势力击垮。可见，以内在的稳定来抵御外来侵略的思想对那些只顾着战争的国家来说，是个很好的教育。至少要让君主明白，拓国之疆土，不如固民之团结，这才是真正的国家力量的来源。

故里之行：推广仁政

孟子开始其政治生涯，最早是从邹国开始的。邹国原名邾国。邾，文献之中称邾娄，在战国时由邹穆公改邾娄国为邹。邹的国君姓曹，是今山东邹城东南的一个诸侯国。邹与鲁在历史上有非常密切的联系，原本两国关系和睦，素有邹鲁之地并称的美誉。但是却因为他国政治的影响，而开始交恶。后来，穆公迁都到邹地，而改名"邹国"。

孟子首先在邹国开始了他的政治生涯，《孟子·梁惠王下》记录了孟子在邹国对于仁政思想的推广。

鲁与邹自春秋末期始，就时有冲突。在一次冲突后，邹穆公问孟子："我的官吏死了33人，可是百姓却没有一个是为他们效命而死的。若是因此而迁怒于百姓，杀了冷酷无情的他们，却是杀不尽的。可是若不杀他们，眼看着他们对官吏的死毫不动容，这该如何是好呢？"孟子于是对穆公说："灾年凶岁的时候，您的老百姓，尤其是老弱病残都丧命于山谷之中，尸殍遍野；青壮年则流落四方，多达上千人。可是，您的仓库里全是粮食，钱库里也满是财宝。这时候，您的官员不向您汇报民间的状况，这难道不是当官在上的人对于下面百姓的残害吗？大儒曾子就警告过：'小心小心！你这样对待别人，也会这样被别人对待的。'今天，您的百姓有报复的机会自然不会放过了。所以，您别怪罪他们。您如果行仁政，那么老百姓自然会亲近上面的官员，情愿为他们牺牲了。"

重返故里：尊重"差序"

孟子在离开宋国以后，又回到了邹国。在这里，他遇到了农家的陈相。他与陈相之间有一段著名的论战。农家讲究君主应与民躬耕，只有劳动的人才能获得衣食的权利，乍一看是一种最具有公平精神的理论，但是孟子批评道：

"有大人之事，有小人之事。"

所谓大人之事、小人之事，就是指社会分工上的不同，有大人的阶层和小人的阶层。大人的阶层就应该做大人阶层应做之事，小人的阶层就应该做小人阶层当做的事情。一个普通人，怎么可能同时兼备百工的所有技能呢？如果每件东西都只能是自己制造出来才可以用，那就是率领天下的人去疲于奔命。我们每个人都有自己的社会分工，或者是脑力劳动，或者是体力劳动。每天都要考虑如何治理国家的人，治理百姓；每天都只需考虑如何劳动的人，自然被统治者治理。这不过是天下最普通的道理而已。

孟子的话是很有道理的，虽然今天的人会曲解所谓"劳心者治人，劳力者治于人"的理论，说这是不公，但是所谓公平本来就不是绝对化的。我们的社会需要分工，每个人只有各司其职，社会才

春耕图
中国古代是农耕社会,统治者非常重视耕作与蚕织,劝课农桑是一项重要的措施

能正常地运转。如果做秘书的人,每天却想着公司的重大决策,而不做好手头的会议准备,那恐怕就是越俎代庖,不仅没有做好自身的工作,还会影响到整个公司的运作。每个人都可以有自己的理想和奋斗的目标,都可以自主地选择是要做"劳心者"还是"劳力者",但是无论如何选择,都应该首先做好自己的本职工作,尽到了本分,才可以和他人协同合作,创造更多的社会价值。

答问弟子

孔子曾经说过"三人行,必有我师焉"。传统儒家思想,往往是通过老师与弟子之间的交流而形成的。"教学相长",通过老师和弟子间的答问,更好地促进了双方的思考。同样,在传统儒家那里,"师道"有着非常高的权威,遵守师道,是儒门弟子们首先要遵循的法则。但是,尊重不意味着"惟命是从",而丧失了自我。儒门所有优秀的弟子,与他们的老师之间,都有着精彩的答问与辩论,这种自由的教学方式,使得儒家弟子能更好地体悟儒学的精神,形成自己别具一格的思想。在《孟子》中,就可以看到孟子是如何在对弟子的教育中,逐步形成自己的思想的。

孟子与屋庐子

《孟子·告子下》中记录了一段屋庐子与任国人之间的对话。任是当时的一个小国。屋庐子,则是孟子的一名弟子。任国有人问屋庐子:"礼和食物,哪个重要?"屋庐子回答说:"当然是礼重要。"那人又问:"娶妻和礼哪个重要?"屋庐子依旧答:"当然还是礼重要。"那人不甘心,继续问:"依礼而行,却吃不上饭而饿死;不按礼节的规定,却吃上了饭,那么也一定要按礼节行事吗?按礼娶亲,却娶不到妻子;不按亲迎礼,却能娶到妻子,那么也一定要行亲迎礼吗?"屋庐子不能回答,第二天去见孟子,就向老师求教。孟子听到这个问题后,甚为不满,他对屋庐子说:"这问题有什么难回答的呢?""我们说,金子重于羽毛,难道是用三钱多重的金子和一车的羽毛相比吗?你去这样回他,'如果扭断哥哥的胳膊,就能吃到食物;不扭就得不到饭吃,那么扭不扭哥哥的胳膊呢？如果要爬东邻的墙去搂抱女子，便能娶到妻子；不爬墙去搂抱，就娶不到妻子，他还会去搂抱吗？'"

孟子对屋庐子说的话表明，"礼"的重要性并非以那些未经推敲的偶然事件就能驳倒的。总有人批评儒家的"礼"仅是一种外在的规范，可是"无规矩不成方圆"，礼也是一种对人情、人性的合理的疏导与约束。有些人因为反对礼，就以"权"代"经"，用特殊、极端的情况来验证常识，这样就会把偶然的事件视为生活的常态，从而误入歧途。

孟子与万章

万章算是孟子最欣赏的弟子，就好比孔子非常赞赏颜回那样，孟子也最赞赏万章，与万章交流也最多。在孟子晚年，万章随孟子著书。通过孟子与万章几次经典的对话，可以窥见孟子思想核心的一二。

《孟子·万章上》中，孟子讲了一个关于舜之大孝的令人动容的故事。舜本是一个普通人，但是他却有着令人钦佩的德行。《中庸》中就称赞他能察辨是非，隐恶扬善，是拥有大智慧的人。舜在天下那么多仁人志士中脱颖而出，独得帝尧的喜爱，赐予他许多功名，甚至把自己的女儿也许配给他。可以说，人之所欲求的东西，舜都得到了，可是，尽管有了天下，有了妻子，有了财富，依旧不能解除舜的焦虑。为什么呢？就是因为他没能得到父母的喜爱。在孟子看来，舜的孝心足以感动天地。当舜对父母、弟弟付出一切后，却未能获得父母的喜爱，只好在田间哭号，是极为悲哀的事情。人间之情，若人间之事，总不能全是对等的满足和幸福。不计回报的付出，是一种极为伟大的情操。可是极重感情的这一端，承担了太多的压抑与苦楚。这样的心肠我们能够体谅吗？

我们每个人都不能选择自己的父母，也不能选择自己的子女。按佛家的说法，这就是缘分所在。或许有的子女与父母间的缘分薄，虽时刻想着尽孝，却始终得不到父母的欢心。这个时候，真正的孝子不是转身离开，而是应该更加依恋他的父母。其实，能成为父母子女，是很难得的缘分，像舜这样的例子，虽然有些极端，可是孟子就是希望通过这个极端的例子来说明，孝是人内在的精神，我们应该好好地遵从它，呵护它，发扬它，即便这其中会有不少挫折和误会，我们仍然应该顺从本心，对父母尽孝。

孟子与万章还有许多其他对话，都非常有意义。这其中涉及君臣之间的进退之礼，做人的道德原则等方面。孟子通过与万章对话，解决了很多思想难题。孟子与万章在教与学的过程中，相互争鸣，相互促进，是传统教育中教学相长的典范。

小知识◎儒门后生：各有千秋，各领风华

孔子去世后，孔子的学生依旧在孜孜不倦地宣传着儒家的思想。其中，最著名的孔门七十二贤中，有一些人对后世的儒学传播起到了非常深远的影响。"七十二贤"之说最早是由司马迁在《史记·孔子世家》中提出的，在《史记·仲尼弟子列传》中，司马迁进一步记录了孔门弟子的言、行、德、位，刻画了一副副生动的孔门后学的面孔。在这"七十二贤"中间，更有十位孔子的弟子，享有"孔门十哲"的美誉。他们分别是：颜渊、子骞、伯牛、仲弓、子有、子贡、子路、子我、子游、子夏。他们都是老师孔子所推崇的学生，孔子在《论语·先进》篇中，曾分别评价他们："德行：颜渊、

厄于陈蔡

孔子周游列国,厄于陈蔡,子贡毅然使楚,引来救兵,终解陈蔡之围。子贡将自己所学的知识和自己的生活、工作结合在一起,通过不断的实践过程,来加深自己的学习。他经商不同于别人,他以儒学之道来做生意,是孔门弟子里既有声誉又有财富的一位

闵子骞、冉伯牛、仲弓;言语:宰我、子贡;政事:冉有、季路;文学:子游、子夏。"在德行方面,具有很高德行的是颜渊、闵子骞、冉伯牛、仲弓;在口才、辩论、表达能力方面有突出表现的是宰我、子贡;在政治生活上,善舞长袖,能理政事的是冉有、季路;而在文学上有所建树的,则是子游、子夏。在"十哲"之外的弟子们,也是各有千秋,他们不仅教书育人,更有人著书立说,为发扬孔门的思想立下了不少功绩。

◎诸子百家出处

庄子逍遥游

庄子（约前369～前286年），名周。他以代表作《庄子》而闻名，一生淡泊名利，嬉笑人生，怒骂仁义，以齐物的认识，来通达逍遥之境；又以逍遥的态度，追求天人合一的境界。庄子与老子并称为"老庄"。

"诸子百家"连用，出自太史公司马迁的《史记》。其实，"诸子"与"百家"为并列之称，指的是自春秋始，纷纷立言以救世、阔论以安民的各派学说及其代表人物。

在《史记》之前，评论春秋学说之缘起的有《庄子·天下篇》和司马谈的《论六家之要指》。《庄子·天下篇》中以六经为准，讨论了百家的缘起。六经中"《诗》以道志，《书》以道事，《礼》以道行，《乐》以道和，《易》以道阴阳，《春秋》以道名分"。可惜，虽然邹鲁之士、缙绅先生多能明白这六艺，却终究不能阻挡道术的分裂，各家自成一派，各有所长。

而司马迁的父亲司马谈在他的《论六家之要指》中，则以主旨内涵之别来评论六家之出。他以"阴阳、儒、墨、法、名、道"为论，为勾勒诸子百家的出处奠定了基础。在他笔下，阴阳家观天地之妙，儒家尊上下之礼，墨家尚节用之道，法家重刑法之严，名家察细微之别，道家循无为之治。但是，这六家都殊途而同归，都是为了拯救当时社会之混乱而产生的思想。

司马迁之后，汉代又一位大学者班固在《汉书·艺文志》中，以"学官之说"来评论诸子百家的出处。他认为，儒家出于司徒之官——主管教化；道家出于史官——记载朝廷之政事、历史；阴阳家出于羲和之官——掌管天地四时变化、灾异；法家出于理官——管理刑法；名家出于礼官——执掌仪礼；墨家出于清庙之守——管理宗庙；纵横家出于行人之官——负责出使他国。

班固的说法，历史上有很多人都赞成，但近代著名历史学家胡适提出了异议。他认为，从理论内涵上来看，百家争鸣的局面，恰是官学衰落后，私学盛行、各派思潮喷涌而出的表现，绝非"出于王官之学"。孔子是兴起诸子百家的第一人，他倡导私学，因循"周礼"，发扬"仁"的精神。在他之后，无论法家、儒家，皆是出于儒门。

庄周梦蝶

庄子非常反对儒家的理论，其书中也有不少对孟子思想的批评。他通过"庄周梦蝶"的故事，来表达对儒家道德的怀疑。这个故事讲的是庄周梦到了蝴蝶，于是感觉飘飘欲仙，醒来后完全忘记了自己是庄周，只记得自己是只蝴蝶。所以，这到底是庄周变成了蝴蝶，还是蝴蝶变成了庄周呢

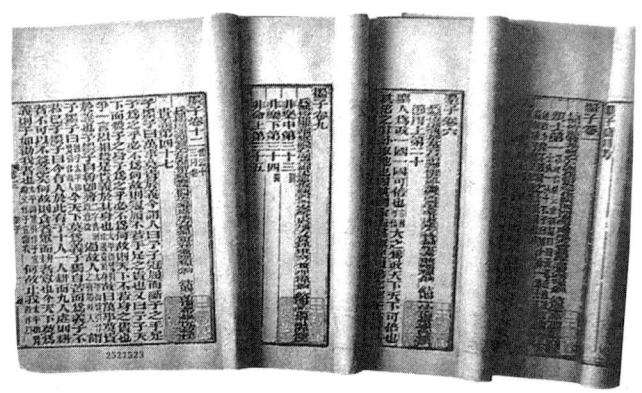

《墨子》
《墨子》，记载墨家学派的创始人墨子言论和墨家学派思想资料的汇集。墨子(约前468～前376年)，名翟。墨子虽出于儒门，但他却对于儒家的礼乐制度多持反对意见。在墨子看来，最重要的思想应是"兼爱、非攻、尚贤、尚同、尊天、事鬼、非乐、非命、节用、节丧"。《孟子》中对墨子多有批评

舌战群雄

　　孟子不是天生的辩论家，他之所以舌战群雄，乃是不得已而为之。他曾说过："吾非好辩也，吾不得已也。"当时的思想界活跃却浮躁，各门各派都希望能以自己的巧言阔论来征服诸侯王，成为成就霸业的幕后推手。所以，他们对于儒家讲礼好仁的思想都感到迂阔不已。于是，孟子周游列国，宣传儒家思想时，就通过与公卿大夫的讨论或与弟子的论学，来批评这些思想，树立儒家的权威地位。

批评杨、墨

孟子在世时，面对的最大的思想论敌是杨、墨（杨：杨朱；墨：墨翟，即墨子）。当时天下流行的说法，不是墨翟的，就是偏重于杨朱的。杨朱的思想，带有道家哲学的特色；而墨翟虽出于儒门，却发展出了一套激烈地批评儒家的墨家学说。

面对流行于大众的杨、墨之说，孟子要想发扬儒学的光辉，就必须与之辩难、讨论。杨朱是战国时期的思想家。他不仅反对墨家，也反对儒家。他的思想可以理解为一种利己主义的思想。在《列子》一书中，关于杨朱思想的记载同《孟子》中的记载一样，他最著名的言论就是"一毛不拔"。

《孟子·尽心上》中，孟子曰：

"杨子取为我，拔一毛而利天下，不为也。"

取，是主张的意思。这里是说，杨朱主张"为我"，如果能拔一根汗毛就可以有利于天下，他也是不干的。

杨朱之自私为己可见一斑，这也更加证明了杨朱所坚持的"爱己"说。从儒家的角度来看，这种"爱己"之说实在狭隘不堪，仅仅是从身体、生存的层面来满足自己的欲求，却没有看到人之为人的精神追求。然而，这种生存或身体的欲求，却无法带来一个丰富而充实的生命。只盯着眼前的利益，而无法胸怀天下的人，注定只能做井底之蛙，无法领略登高望远的壮阔风景。

一毛不拔，自然是孟子所反对的。可是如果拔光全部的毛，来做一个完全为他的人，是不是就是孟子所赞成的呢？接下来，孟子又说墨子：

"墨子兼爱，摩顶放踵利天下，为之。"

墨子主张兼爱，认为就算磨光了头顶，走破了脚后跟，只要对天下有利，就一定去做。这样的兼爱看起来实在伟大，可是孟子同样不赞成这样的做法。为什么呢？那就要从他所推荐的子莫的做法中去寻求答案了：

"子莫执中，执中为近之，执中无权，犹执一也。所恶执一者，为其贼道也，举一而废百也。"

子莫是一位鲁国的贤人，他的行为很中道。他既不会一毛不拔，但也不至于要整天都像墨子那样，去做苦行僧。他主张执中而行。"执中"是孟子觉得比较好的行为方式，但是如果只知道执中，为了"执中"而"执中"，不知变通，不守礼节，那就是庸俗的"平均主义"，是"老好人"的策略。在儒家看来，这种行为也是毫无意义的。

《孟子》中所提倡的思想，要比杨朱的完全利己和墨子的完全利他都高明、深刻许多。人们不可能完全不顾及他人，只活在自己的世界中。同样，亦不可能完全地抛弃自我，只为他人而活，这在人的情感世界中是不可能的。孟子所讲的"执中"，就是要懂得变通，用今天的话说，就是用自己的理性去指挥自己的感性，做到合情合理。一方面，在与人交往中，尊重自身的情感，尊重他人的选择；另一方面，更能在享受自己人生的同时，成就他人。

当然，孟子对杨朱和墨子的批评还远不止于此。在《孟子·滕文公下》中，孟子曰："杨氏为我，是无君也；墨氏兼爱，是无父也。无父无君，是禽兽也。"

孟子批评杨朱是无君，墨子是无父，认为他们的学说都是戕害了仁义的"禽兽"之说。虽然语词尖锐，态度严苛，但也确实能看出儒家对杨、墨的态度。杨氏的"为己"说，不过是为了保全自己的性命，可是如果一个人只将"活着"视为自己的精神信仰，那么这个人与一般求生存的动物又有何差别？墨子的兼爱，看起来要慈善温暖得多，可是又太不现实，儒家从来都是从最现实的角度出发去思考问题的。试问，一个人如果连自己的父母都不孝顺，那么他如何去孝顺别人的父母呢？我们只有在最亲近的人身上实现了我们的爱，才可以将这种爱扩展出去。这就是儒家差等之爱的现实合理性。

虽然孟子批评杨、墨的言论既不合理又不合情，但是，孟子也不得不承认，当时天下的言论不是归于杨朱，就是归于墨子。这是为什么呢？战国时期因为常年征战，百姓的生活非常艰辛，就连性命都得不到保障。那些处士之议，又多是为了从君主那里获得好处，根本上并不想教化百姓。于是，普通的民众，因为杨、墨之说贴近自己实际的切身利益，所以多信从他们的言论。在孟子看来，百姓的"仁"之路就这样被堵塞了。《中庸》说："天命之谓性，率性之谓道，修道之谓教。"在儒家看来，人的本性受自于天命，所以要明白人性，就必须"推天道以明人事"。我们由天道中体认出人道的应然状态，接下来就是去践行。这践行的首要原则，就在于"教化"。所以，孟子认为杨、墨的言论，堵塞了教化天下百姓的"仁"道，实在是天下的灾害。

辩难黄老

战国时期，有一派思想非常活跃，那就是"黄老之学"。黄老之学以"黄帝"和"老子"并称，既有道家的思想特征，又具有阴阳、术数的特点。道家自其创始之日起，就充满了神话色彩。且不论历史上对道家创始人老子身世的各种揣测，就他当年退休后，因为过函谷关而写《道德经》之事，就让人充满了各种想象。他留下的这5000字，成为了历久弥新的珍贵典籍。甚至有一种说法，认为当年孔子曾三次

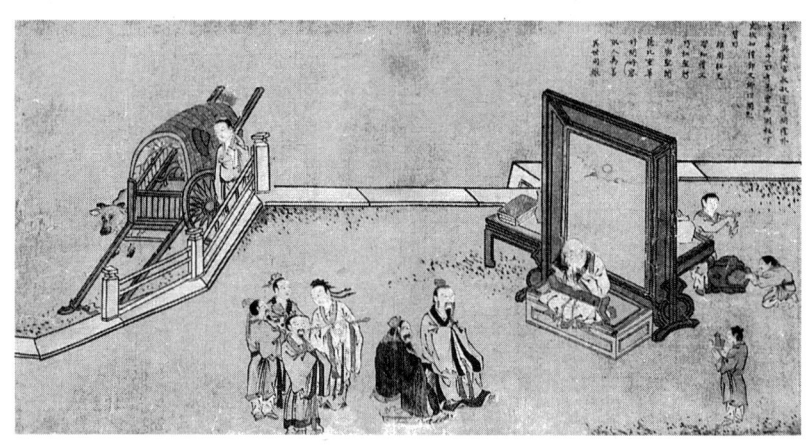

孔子向老子问学

孔子向老子问学的故事,最早出现在《史记·孔子世家》中,就是说孔子带着自己的弟子去拜见老子,求问"礼"。在《庄子·外篇》中,也有此记载。后世的道教,更以此为例,来证明孔子是"道教"弟子

向老子问学。虽然对此说法学者们各执一词,但可以通过"孔子问学于老子"看出道家在先秦时期的影响力。

齐国的稷下学宫,曾经是一个学者云集的地方。郭沫若在《稷下黄老学派的批判》中认为黄老学派"是培植于齐,发育于齐,而昌盛于齐"。孟子曾在稷下待过一段时间,因此对稷下的黄老之说也有不少认识。他虽未曾直接地批评过老子,但是与稷下学者淳于髡辩论过。淳于髡是当时齐国著名的政治家,其言论中有不少黄老之说。在《孟子·离娄上》中,有他与淳于髡关于"男女授受不亲"的讨论。

淳于髡批评儒家的"礼",因此他提出了一个让人非常难以回答的问题——"嫂溺,则援之以手乎?"传统礼数认为,一般男女之间的交往要止于礼,不得有任何身体上的接触。可是,如果嫂子掉进了

水里，那么小叔子要不要伸手去拉她一把呢？孟子毫不犹豫地回答："当然要救了！如果嫂子掉进水里了，小叔子不伸手去救她，那就和豺狼是一样的了。男女正常的交往，不应该有身体上的接触，那是礼的规定。可是嫂子掉进了水里，小叔子伸手去拉她，那就是对礼的变通。"虽然孟子说得很清楚，可显然淳于髡并不肯轻易罢休。于是，他又进一步问孟子："现在天下的人都溺在水里，一片混乱了，你为何不伸手去救呢？"孟子坦然地回答道："天下的人都掉水里，那需要用王道去救；嫂子掉水里，就要用手去救。您难道想用您的一只手，去救天下人吗？"

很显然，孟子在回答淳于髡的问题时，也批评了黄老学说那种"无为而治"的消极政治观点。天下既然已经大乱了，就必须要整顿，无为而治只能加速天下的混乱。在儒家思想中，充分体现了积极的进步

马王堆出土的《黄帝四经》
1973年湖南长沙马王堆出土，《黄帝四经》是黄老学派的代表作

观点。荀子就曾说过，政治的真正意义并不在于治理乱世，因为那只是实现王道政治的前提，而非"王道政治"本身。理想的政治，就是要保证一个稳定社会的健康发展，使百姓的生活更好。因此，"无为而治"在儒家看来，是在社会稳定、有了完善的自治机制后，才可以采取的一种缓和的政治策略。

小知识◎"二十四孝"的故事

儒家重视"孝"的传统，从先秦一直延续到了今天。汉代开始的国家选拔人才的方式之一"举孝廉"，就是要看一个人是否具备孝的品质。有了孝心，才能侍奉父母，才能善待邻里，才有可能会忠于君王、国家。所以，在儒家看来，"孝"是一个人最应具备的品质。人们采集民间的"二十四孝"故事，将那些孝子的事迹写进了《二十四孝》一书，来教导子孙后代。其中，"黄香温席""董永卖身"等感人事迹，都是妇孺皆知的孝子故事。"孝"是一种对人本性之善的唤醒，是对人格影响的最初因素。培养一种"孝"的品质，是让孩子懂得父母赐予他们生命的意义，更了解生命之重。所以，在今天的社会，我们虽然不提倡传统家长专制式的"愚孝"，但是同样要重视"孝"对于一个家庭、对于一个人成长的重要意义。

◎儒家的教育妙招

儒家的教育理念是非常先进的，不愧为中国历史上第一

"孟母三迁祠"石碑

孟子小时候,家曾近坟冢之地,孟子因此学起了丧葬之事。孟母觉得这样对于孟子的成长不好,于是搬家到了另一处。孟子又和邻居的小孩学起商人做生意的事,于是再搬。后来,新家旁边有一个卖肉的摊子,孟母担心孟子学起买卖屠杀之事,便又搬家。这一次,孟母把家迁到了学校边上,孟子开始一心向学,孟母才没有再离开

个开创私学,开门招收徒弟的学派。儒家有如下教育理念,备受后人称道。

教学相长:儒家的老师都非常和蔼、谦虚,谆谆善诱。在儒家看来,老师和学生之间的互动,非常有利于教和学的提高,所以有教学相长的理念。在给弟子讲学的过程中,老师也可以从中受益。

因材施教:孔子每次给学生讲解问题时,都会根据不同的情况和对象,进行不同的解释。比如樊迟问他"仁是什么"的时候,因为孔子知道樊迟有勇猛个性,但是对人尚不够宽厚尊敬,就回答他"爱人",教导他要对别人和善亲切些才对。而颜渊问孔子"仁是什么"的时候,孔子则回答"克己复礼"。孔子很喜欢颜渊,他了解颜渊可以克制自己,以礼而行,所

以从这个角度来跟颜渊谈"仁"。

学在行中：儒家强调学习不光是看看书本，更重要的在于实践。所以才有"学而时习之，不亦说乎"的说法，学习了还要经常去练习它，才能算是真正的学习。死读书和读死书，都是儒家反对的学习方法。孟子就说"尽信书，不如无书"，可见儒家的教育理念中更强调实践的重要性。

环境影响：儒家很看重环境对一个人学习的影响。"孟母三迁"，不仅体现了教育环境对一个孩子的深刻影响，更体现了孟母一片殷切的爱子之心。小孩子心智尚未成熟，非常容易受到外界环境的影响，做家长的应该给孩子创造良好的学习环境。

言传身教：儒家在教育中，还很重视"言传身教"的方法。大人们的行为有时候比书本知识更容易影响孩子的成长。这种形象的教育，往往更容易触动孩子们的心灵。

2.《孟子》其书

孟子积累了一生的经验智慧,在其晚年开始逐渐地沉淀下来。他将自己在游历、教学、辩难中的所闻所得,逐一地统一起来,和自己的弟子一起,将这些较为零散的思想,整理为比较统一的体系。而这些思想的精华,就集合在《孟子》一书之中。所以,要了解孟子和儒学的智慧,我们就必须走入《孟子》,去一览它的大千世界。

《孟子》的作者

先秦时期,古籍的编撰过程,要比今天复杂许多。那个时代,并没有"著书"一类的观念,孔子就说过"述而不作",他所做的事情,也不过是修订原有的典籍而已。老子写《道德经》也并不是像现代学者那样,先立个纲要,订好题目,再精雕细琢地去填充。正因为如此,虽然每本先秦典籍都凝结着撰者的智慧精华,但是对于作者的所谓"著作权"的观念则是完全空白的。有众学生一起完成的典籍,如《论语》;也有撰者自己独立完成的经典,如《老子》。当然,还有的部分是作者本身的写作，另外还有其他人的补充，例如《庄子》。对于《孟子》而言，它虽然记载了孟子的思想精华，但是，断言孟子就是《孟子》的作者，则充满了争议。

孟子出于儒门，在晚年与他的弟子万章等退隐田间，"序《诗》《书》，述仲尼之志，作《孟子》七篇"。但是《史记·孟子荀卿列传》中的这则记录，并没有打消后世对《孟子》作者的怀疑。于是，关于《孟子》的作者就出现了不同的说法。

第一种说法是《孟子》最著名的注者赵岐提出的。赵岐是东汉时期人，命途颇舛，据说他所著《孟子章句》是躲在复壁中完成的。赵岐认为，《孟子》一书的作者就是孟轲本人，其中辑录有孟轲与弟子公孙丑、万章之间的答录，还有孟轲亲定的语录。宋代的朱熹也赞同赵岐的这一说法，通过文法的一致来肯定了《孟子》的作者即是孟轲本人；清代的阎若璩透过《孟子》与《论语》中对于孔孟言貌和思想的记载进行分析，也拥护这一观点。

第二种说法较为中立，就是《史记》中司马迁的观点，认为《孟子》一书是由孟轲和他的弟子一起完成的。

第三种说法与上述两种截然不同，认为《孟子》是孟轲的后学对老师言行、思想的一种记录，并不是孟轲本人的撰著。持这种观点的人认为，先秦古书中，撰者托古、假借的现象非常普遍。一来，因为当时的书多是口述辑录，因此有可能只是由孟子弟子记录的笔记整理而成；二来，为了使书中的思想更具有权威性，多会依托圣贤之名。比方说，大家都熟悉的《周易》，作者就有伏羲、文王、周公，甚至孔子之说。

《孟子》的传承

古代经典的传播都经历了传、注、释、疏的解释过程，因此，经书多有经、传之别。所谓经，本是先秦典籍的统称，取竹简的经纬之经，后来被视为天地间的大法，尤指儒家的经典。经是不能被任意删改的，是后人所要学习的文本依据。所谓传，则是对经典的解释，包括注疏、补正、大义等。为经典作传，是古人不断延续经典生命的诠释方法，是每个不同时代思潮和作者对经典因循损益的一大法宝。清代著名经学家皮锡瑞撰有《经学历史》，对中华古籍中经学的传承进行了详尽的记录。

对于《孟子》而言，同样经历了这样的传承过程。《孟子》自汉代至唐代，并未受到广泛的重视，也未被封为"经"，但是这并不影响学者对于《孟子》的研究。其中，较有影响力的是汉代赵岐注的《孟子章句》。到了宋代，更有一代鸿儒朱熹撰的《四书章句集注》。朱熹将《礼记》中的《大学》与《中庸》抽出，和《论语》《孟子》并称"四书"，合撰于一书中。一时间，《孟子》一书的地位猛增，升至十三经之列，成为后代儒生必须研读的重要经典。《孟子》一书的颠沛命运，

朱熹著书图
描绘了一代理学大师朱熹著书时的图景

反映了儒学在古代中国不同王朝的政治、文化中的境遇，《孟子》在宋代以后所获得的重视，也反映了宋代之后儒学发展的新态势。在今天，《孟子》一书同样受到广泛关注，已经出现了不少它的白话文注释版本。其中，较具影响的是古汉语专家杨伯峻先生的《孟子译注》，由中华书局出版。另外，南怀瑾先生也以更生动的文字对《孟子》一书进行解释，著有《孟子旁通》。

《孟子》的智慧

《孟子》成书于战国中后期，此时，已经进入了私人著书较为成熟的时期。因此，其内容和结构，较之前人，都有了不少的进步，单是从篇幅上，就已经发展了不少。同样，在孔门后学七十二贤和子思一派的影响下，《孟子》一书中不单只提出了孟子的观点，也记录了不少与其他学派之间的辩论，这对我们了解当时整个思想图景，都有很大的帮助。

《孟子》全书分为7章。现在我们所看到的通行版，习惯性地将《孟子》分为14卷，分别是《梁惠王章句》（上、下）、《公孙丑章句》（上、下）、《滕文公章句》（上、下）、《离娄章句》（上、下）、《万章章句》（上、下）、《告子章句》（上、下）、《尽心章句》（上、下）。章句是汉代训诂学的专用名词，就是分章别类之意。《孟子》7篇各自之间相互区别，又贯穿联系，是一个较为完整的体系。理解孟子的思想，必须从整体上来把握。

纵观整部《孟子》，可以看到儒家对如何修行才能成为一个完整的"君子"和君子如何达到"内圣外王"指明了途径。它不仅涉及个人如何生活的私人问题，同时也涉及作为君王如何治理国家的公共问题,是一部内外兼修、情理兼备的智慧宝典。

针对"个人"的修养问题,孟子对"人是什么""如何生活""如何成为君子"给出了明确的回答。在孟子看来,人是有别于动物的,因为人有人性。那么,人性是什么呢?孟子认为人性就是人善良的本性,这是由人的"四端"发出的。在《告子章句》(上、下)和《公孙丑章句》(上、下)中,孟子对于人性进行了详尽的分析。在懂得了人性本善之后,人们就会对自己的生活作出最理智的选择,这是《孟子》对我们应该如何生活所作出的指导。在《尽心章句》(上、下)中,孟子告诉我们,要好好地涵养自己的本性,发挥自己的本心,这样就可以很好地指导自己的生活,走向一条坦荡的正途。在此基础之上,人们通过不断地磨炼和修养,就可以实现儒家"君子"的人生追求和理想。

同时,作为一个人,不仅要进行个人的修炼,更重要的是要与社会生活发生关系。在儒家看来,真正的君子是投身于社会生活中,承担社会责任之人。一方面,《孟子》中对于通过自身努力而成为"士"的君子,要求他们遵从道义,而不为权力、名誉所诱惑,如《滕文公章句下》中所讲的那样,要做"富贵不能淫,贫贱不能移,威武不能屈"的"大丈夫"。另一方面,孟子对国家的君王,也有着更高的要求。他们作为最有地位的人,同样承担着最大的责任,因此,一个明君,首先要是一个道德上完善的君子,只有这样,他才能有"仁者之心",从而行"仁者之政",最终达到"内圣外王"的最高境界。在《梁惠王章句》中,孟子就对这样一种由内而外的"仁政"思想,进行了详细的阐述。

总的来说,《孟子》一书中的理论,需要通过全书去理解,而不能拘于一隅。如《梁惠王章句》中,我们可以看到关于"王道""仁政"思想的阐释,但要全面理解王道思想,就要从根本上理解孟子的"人性善"理论。在《公孙丑章句》和《告子章句》中,深入解释了"人性善"理论的根源和"仁义内在"的涵义。如果再能依据它的注疏、解释来理解它,就能看到《孟子》中所透露出的璀璨的思想光芒。

《孟子》与《荀子》

说到《孟子》,就不得不说与它比肩齐名的另一部儒家经典《荀子》。《荀子》一书出于战国末期,较《孟子》略晚,是先秦儒学的集大成之作。《荀子》与《孟子》虽说都是战国时期的儒学经典,但在核心思想上却大为不同。

《孟子》中认为人性本善,每个人都有恻隐、羞恶、辞让、是非之心。生活中之所以有人表现出不端的行为,是因为他的本性被遮蔽了。因

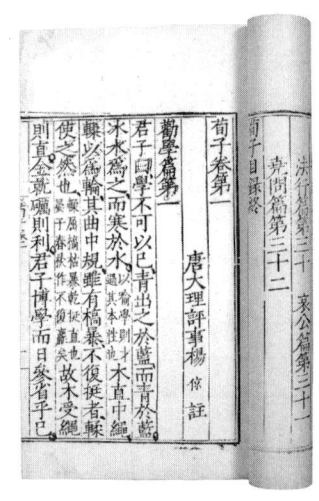

宋本杨倞《荀子》书影
《荀子》是儒家经典著作,但一直以来也未得到经学家的重视,直到唐代,杨倞所注的《荀子》才是较早、较完善的注本

此，人必须通过后天的修养，不断地彰显自己的性善本质。但是，《荀子》中却认为人性本是恶的，现实生活中，每个人所表现出的善良品性，是"化性起伪"。伪，就是人为的意思，指人必须通过后天的学习，来改善自己的本性之恶。

《孟子》中认为理想的政治在于君王能够推行仁政，百姓安乐，才能天下太平。《荀子》中则认为理想的政治，更应该通过严格的礼制来达成社会的稳定。

荀子

荀子主要活动在战国晚期，时人尊其号为"荀卿"。李斯、韩非、毛亨、张苍等皆是他的弟子，他的主要言行载于《荀子》一书。孟荀比较，一直是儒学研究的难题

《孟子》中希望人可以通过内在的"反身而诚"，来修炼个人的品质，最终成为君子。而《荀子》中则更强调通过对于"礼"的遵守，来规范个人的行为，成为国之栋梁。

可以说，虽然孟子、荀子同出于儒家，但是在思想上还是有着很多不同。要理解儒家思想的全部精神，就必须要理解孟子、荀子思想的互补性。一个完整的、全面的儒家既有温柔的情怀，也有严肃、刚毅的形象。儒家不仅讲究心性修养，同样讲究制度规则。先秦儒家所留下的思想之所以会影响到中国人生活的方方面面，正是因为它丰富的内涵和多面性。只有把握住这一点，才能更好地理解我们的传统文化。同样，由于近年来出土文献的补充，也让我们发现了不少儒家思想在孔孟之间所发生的转化。所以说，儒家的博大精深，是值得读者慢慢探索的，任何对于儒家所下的绝对判断，都有可能略显草率。

小知识◎儒门后学的"秘密":出土文献中的先秦学术

先秦典籍往往因为时代久远或被埋于地下,或丢失散佚。近年来,各地的考古发现,揭开了不少先秦典籍的神秘面纱,这对于研究先秦的思想文化都起到了关键的作用。1957年,在河南信阳长台关一号楚墓中首次发现了战国竹简,这一批竹简被誉为"中国最早的战国竹书"。1972年,湖南长沙马王堆汉墓的发掘震惊了世界。在这里发现了不少帛书和医简,其中帛书《周易》和帛书《老子》(甲、乙本)的出土,更是令国人兴奋不已。1993年,在湖北荆门郭店一号楚墓中,又发掘出了700多枚楚简,其中《缁衣》《五行》《老子》《太一生水》4部,是对先秦儒家和道家思想研究的重要文献证据。1994年,上海市博物馆在香港的古玩市场陆续发现了不少楚简,这些简中有不少儒学、道家、阴阳家的文本,也是研究先秦思想的重要依据。

3.《孟子》的命运

古代的书都书写在简帛之上，因此是一卷一卷的。其写法是在每片简上自上而下地撰写。"经"本来指代的是古书。早在孔子之前，各家都学习《诗》《书》《礼》《乐》《易》《春秋》，但自孔子开始，儒家格外重视这些书所传达的思想，因此称这些书为《诗经》《书经》《易经》等，有尊重传统文化的意味。

遭遇最为坎坷的经典

无缘五经

清代大儒皮锡瑞认为，孔子是经学的奠基者，汉学是经学的大兴。汉学指的是汉代的经学研究。据《汉书》记载，汉武帝建元五年（前136年）春，立五经博士。古代的"博士"一词与现代汉语的"博士"意义不同，古代的"博士"是专指传授某一部"经"的学官。早在六国时期，各国就有"博士"，秦统一中国后，沿袭了博士之制。汉代的五经博士，指的是《易》《书》《诗》《礼》《春秋》各立一博士官。

北京孔庙《稷下学宫》壁画
稷下学宫,又称稷下之学,战国时期齐国官办的高等学府,始建于齐桓公。孟子长期居齐,曾在稷下学宫任职,并与齐宣王多次讨论政事,探求统一天下的途径

由于汉代的官学还是靠口传,"博士"便成为传经的主要载体,因而具有很强的权威性。"博士"所传之"经"又有不同的派别,主要是因为师承和学统的差异而造成的。到了东汉时期,《易》博士有四家,分别是施、孟、梁邱、京氏;《尚书》博士有三家,分别是欧阳和大、小夏侯氏;《诗》博士有鲁、齐、韩三氏;《礼》博士有大、小戴两家;《春秋公羊传》博士有颜、严二氏。官学弟子更是人数众多,一时间,经学昌盛。

从汉代独尊儒术起,儒家的地位开始与强大的国家政权联系在了一起。《论语》虽不在五经之列,但也受到世人的重视。东汉开始,有七经之说,"经"成为儒家经典的专称,其中虽有《论语》,却不见《孟子》。在当时,孟学并没有受到帝王的重视。后因儒家开始与封建王朝的政治发生关联,于是,儒家的圣人地位、典籍传承,也开

广东潮州韩愈祠

韩愈因为政治上屡次谏言,而与朝廷格格不入,最后被贬潮州。为纪念这位刚正不阿的儒家官员在潮州的政绩,当地人修建了韩文公祠。他对于《孟子》一书和孟子本人的贡献,后世有目共睹

始与政治有了密切的联系。帝王们开始将祭孔由家族式的祭祀活动,上升到了国家"宗教"的地位。汉高祖刘邦在路过鲁地时,进行了祭孔,开了帝王祭孔的先河。之后,各朝各代也因儒家与政治间的密切联系,开始了祭孔的典礼。祭孔典礼中,配祀成为很有趣的事情,配祀之人,往往由当时的儒生来决定。如此一来,那些不合于政治需要的儒家先哲或孔门后学,自然不能进入配祀的行列。

《原道》之书

韩愈的《原道》是使《孟子》重现于世人面前的重大契机。经由韩愈的努力,《孟子》自唐宋之际真正得到重视,从而成为宋明理学的重要思想资源,并从此以"孔孟"并称,替代了"周孔"之道,思孟学派也得到了发扬。

唐代的大思想家、大文豪韩愈位列"唐宋八大家"之首,是唐代

古文运动的发起人与倡导者,亦是唐代向佛老开炮的儒学第一人。正是他撰写《原道》,将孟子的地位重新提升到了儒学的道统之上。他略带有悲剧色彩的一生,与他所尊重的先圣孟子颇有几分相似。同样是为辟异端,他们不惜与当权者和主流文化抗争、辩论;同样是为彰显孔子之道,他们都遭受到了世人不解的嘲讽,认为他们是"迂阔"之人。但是,韩愈却是救活了儒学的活水源头,将《孟子》从文物堆里发掘了出来,为唐宋之际的儒学转向、宋代理学的发展,作出了不朽的功绩。

自从汉代佛教传入中国以来,佛学就在这片异土上结出了璀璨的花朵。尤其是禅宗的形成,更使得佛教中国化,并与儒家、道教一起构成了中国传统文化的主体。虽然历史上曾有过毁佛、灭佛的运动,但是依旧不能浇灭佛教在中国传播的蓬勃态势。甚至有梁武帝三次舍身佛门,大臣们用了大笔赎金才把这位"和尚皇帝"从寺庙里赎出来,最终弄得朝政不安、国库空虚,使国家走向了衰败。

在佛教兴盛的同时,道教也不甘示弱。道教与传统的丹术相结合,又学习佛教建立周密的理论体系。一方面,倡导修炼之术,兼修内丹、外丹,以"长生不老"之术吸引了不少受众;另一方面,又创造出等级森严的神仙体系,为人们勾画出了得道升仙后的美好愿景。一时间道观香烛冲天,兴旺不已。

唐代的开国皇帝、李唐王朝的创立者自称是老子后代。一方面,以道家的清静无为之方,来缓和开国时因战乱而造成的社会不安;另一方面,也将道教推到了极高的位置,以此来缓解佛教寺院经济发达所造成的社会不公现象。此后,唐代的君主,逐渐以信奉道教、佛教并重。佛道二教为获得当权者的宠爱,开始不断地相互攻击。

唐代历次迎佛骨舍利子都大张旗鼓、挥金无度。韩愈作为儒家之

梁武帝舍身佛门
出自《帝鉴图说》。梁武帝（464～549年），名衍，字叔达，南朝梁政权的建立者，本是一个醉心权力的霸王，却因3次舍身佛门获得了"和尚皇帝"的称号，舍掉了自己一手建立的霸业。最终因"侯景之乱"而被囚禁，晚景凄凉，饿死台城

道的自觉继承者，实在不想看到帝王们如此沉溺下去。他曾撰《谏迎佛骨表》，却因此遭到了贬斥。他的《原道》也是为了排斥佛道而作。《原道》一文短小精悍，道出了在佛道兴旺的唐代儒家的使命。《原道》中说：

"周道衰，孔子没，火于秦，黄老于汉，佛于晋、魏、梁、隋之间。其言道德仁义者，不入于杨，则归于墨；不入于老，则归于佛。入于彼，必出于此。入者主之，出者奴之；入者附之，出者污之。噫！后之人其欲闻仁义道德之说，孰从而听之？老者曰：'孔子，吾师之弟子也。'佛者曰：'孔子，吾师之弟子也。'为孔子者，习闻其说，乐其诞而

自小也,亦曰'吾师亦尝师之'云尔。不惟举之于口,而又笔之于其书。噫!后之人虽欲闻仁义道德之说,其孰从而求之?"

这篇短文描述了儒家之道,尤其是孔孟之道在历史长河中的辗转命运。自从周代衰亡,孔子去世以后,秦始皇在李斯的建议下"焚书坑儒"。到了汉代,黄老之学又大兴其道。晋、魏、梁、隋之间,则是佛教的流行时期。他们所谈的"仁义道德",要不就是属于杨朱的那一种"为己"的"假仁",要不就是属于墨翟学派"泛爱"的"伪道";不是归于道家的,就是归于佛教的。总之,归于哪一家,必然轻视另外一家。尊崇所归入的学派,就贬低所反对的学派;依附所归入的学派,就污蔑背离的学派。后人想听仁义道德之说,可是在哪里能听到呢?道家的人说:"孔子啊,不过是我们祖师爷老子的弟子而已!"佛家的人说:"孔子啊,不过是我们佛陀的弟子而已!"本来是学习孔子之道的人,却习惯了听佛道的话,竟会乐于接受这种怪诞的说法,而自己贬低自己,说什么"我们的老师曾经向别人学习"这样的话。而且不单单在口头上说,还写出来!如此荒谬,后代的人,若想学习真正的儒家的仁义道德之说,该向谁去请教呢?

韩愈的话,在当时看来,确实有着针砭时弊的力量。在唐代这样一个文化包容的大环境中,儒家的地位岌岌可危,甚至连儒生自己都不敢坚定自己的志气。就如《孟子》中说的那样:放弃了自己的本心,不能反身而诚,彻底地丧失掉了浩然之气。韩愈在描述了当时世道的艰险、儒学的颓败后,便高呼出儒家的"道统说":

"斯吾所谓道也,非向所谓老与佛之道也。尧以是传之舜,舜以是传之禹,禹以是传之汤,汤以是传之文、武、周公,文、武、周公传之孔子,孔子传之孟轲,轲之死,不得其传焉。荀与扬也,择焉而不精,语焉而不详。由周公而上,上而为君,故其事行;由周公而下,下而为臣，故其说长。然则如之何而可也？曰：不塞不流，不止不行。人其人，火其书，庐其居。明先王之道以道之。鳏、寡、孤、独、废、疾者有养也，其亦庶乎其可也。"

韩愈此言，明示他所提倡的道，绝对不是佛道之道，而是儒学的正道，是由尧传给舜，舜传给禹，禹传给汤，汤传给文王、武王、周公，后又由周公传于孔子，孔子传于孟子的儒家道统。"道统"之说一出，举世震惊。以往人们习惯于"周孔"并称，在孔祭中，周公配享从祀。韩愈以孟子唯得孔子真传，是道统的后继者，使得"孔孟"自此开始并称。孟子的地位一下子就上升到了先师圣人。

小知识◎古文运动

在中国人的传统中，向来都将"作文"视为极重要的事业。"文章千古事"，每一部文学作品，短如五言、七言的古体诗，长如动辄上万字的笔记、小说，都承载了非常厚重的人文关怀与情感。以文传道的文学精神，贯穿了中国文学的血脉。什么是道呢？孟子曾说："夫道若大路然，岂难知哉？"道，像大路一般，是一条通途，而非蹊径。所以，文与道的关系，就在于通过文来呈现最朴质的人类情感与寄托。

但是，魏晋以降，士人纷纷避入竹林、山野，清谈、唱和，不再以天下之大道为己任。作文章之事，也愈发地追求辞藻与格局，却不求以文载道的人文精神。

这种作文态度到了唐代风气蔚然，令有抱负的知识分子甚为忧虑。于是，大文豪韩愈提出了"文者，贯道之器"的

韩愈
出自《历代名臣像解》。唐代韩愈位列"唐宋八大家"之首

口号,倡导文学创造应该复归先秦和汉代的古文之风,不拘泥于格式,不造作于辞藻,而以朴实无华之文风,尽显真实的生活、质朴的情感和高尚的道德。同列于"唐宋八大家"的柳宗元亦支持韩愈倡导的古文运动,在复古的基础上,更强调不要盲目以古为荣,而应学习、继承古文承载道统的精神,表现出了一代文豪的理性思考。

到了宋代,曾巩、王安石、苏轼等,也传承了唐代古文运动的遗风,在文学创作与文化传承方面,起到了极其重要的作用。同时,也为周敦颐所提出的"文以载道"的中国文学境界,提供了丰富的素材。

◎三教融合

"三教融合"说的是构成中国古代文化核心的儒、释、道三教之间的相互影响与融汇。在宗教学上,"三教"主要指儒、释、道三教,三教连称最早出现在魏晋时期。但从三教并称发展到"三教融合",则经历了漫长的历史演变。

东汉时期,佛教开始传入中国。比较公认的看法认为,汉明帝于永平七年(64年)派遣使者12人前往西域访求佛法。

此次求法,不仅有印度僧人迦叶摩腾和竺法兰来到了中原的洛阳,他们还带来了部分佛经进行翻译,并在洛阳建造了中国第一座佛教寺院白马寺。

随着佛教的发展,道教也以一种本土宗教的形态,在东汉末年逐渐兴起。到了魏晋南北朝时期,儒、释、道形成了三足鼎立的局面。它们之间,一边进行互相的批判,一边也在批判过程中不断融合。

到隋唐宋元时期,三教思想有了广泛而深入的联系。同时,它们与政治构成了紧密的联系,三教之间不再满足于对对方外在形式的批评,开始深入到内在的意识整合,形成了三教融合的重要时期。

至明清时期,"三教融合"已成为主流的思想形态。甚至在这一时期,"三教"融合为一,出现了例如"三一教"这样的全新形态。

"三教融合"深深地影响了中华民族的性格,直至今天依旧影响深远。而且,很多寺庙的建筑风格,也大大受到了"三教融合"的影响,形成了独特的宗教建筑美学。

◎道教的神仙谱系

道教的神仙体系层次复杂、等级森严。简单地说,道教的神仙体系分为"先天神"和"后天神"。"先天神"的等级高于"后天神",在各个等级内,又分为更细的高低等级。他们之间都是不可逾越的。

最高的一级神,是道教所信奉的"三清",即"玉清""上清""太清",又称为"元始天尊""灵宝天尊""道德天尊"。"三清"是"先天神",是一切的根本,是化育天地万物的至上神。

下一级神是"三清"之下、"众神"之上的"四御"。"四御"是辅佐"三清"的四位辅神,他们分别是中天紫微北极大帝、南极长生大帝、勾陈上宫天皇大帝(即天皇大帝)、承天效法后土皇地祇(即后土娘娘)。"四御"之中,紫微、天皇两位大帝,都是根据星辰崇拜而来。紫微即是北极星,掌管着一切天地间的自然现象,能呼风唤雨,主宰人间。天皇则是指北极星旁有六星,其形状联曲微勾,所以称为"勾陈",掌管着南、北两极和天、地、人三才,此外,还掌握有兵权。"四御"中的南极长生大帝,据传是元始天王的儿子,是九霄三十六天的统将。后土娘娘则是与天皇大帝配合,主宰山川大地的女神。"三清"和"四御"都是"天界尊神"。

在"天界尊神"之下,便是"后天神"。"后天神"中,有我们所熟悉的风、雨、雷、电、水、火诸神,还有财神、灶神、城隍等神。他们都是通过后天的修炼,而上至神仙地位的。

"四书"之最

经由韩愈"道统说"的影响,孟子的地位获得了很大的提升。但是《孟子》一书被视为"经",则是宋朝才有的变化。五经发展到唐代时,已有九经,即"三传"(《春秋公羊传》《春秋穀梁传》《春秋左传》)、"三礼"(《仪礼》《周礼》《礼记》)、《诗》、《书》、《易》。到晚唐时期,又列入《孝经》《论语》《尔雅》。此时仍不见《孟子》入选。南宋时期,《孟子》终于正式入选十三经,成为"经"。这主要是因为在南宋淳熙年间,朱熹将《孟子》与《大学》《中庸》《论语》

合称"四书"。直到此时,长眠于书架之上的《孟子》才重新被儒生认识。

中国作为世界四大文明古国之一,历代书籍可谓蔚为壮观。在这茫茫书海中,儒家的经典又堪称雄阔。在众多的儒学经典之中,《孟子》为何会成为"四书"之首呢?这不仅因为它承载了儒家的精神气质,更重要的是,在历史长河中,《孟子》的命运与儒家的命运紧密地勾联于一体,铸就了《孟子》不可动摇的文化地位。

在魏晋南北朝时期,中国逐渐地形成了四部图书分类法。哪四部呢?就是经、史、子、集。在汉代独尊儒术之后,"经"部指儒家的经典;其他的学派的学说著作,被归入"子"部;"史"部就是记录历史的著作;"集"部便是个人著作或者同一主题作品的集合。这种经、史、子、集的分类方法,不仅奠定了中国古代图书的发展历史,而且也在一定程度上决定了一本书所处的地位。能被选入"经"部的著作,是非常重要的著作。中国士人要通过科举取士得到功名,入世做官,所要做的最多的准备就是学习"经"。但是,哪些著作可以被选入"经"呢?历朝历代有着不同的标准。例如,汉初只有五经博士,到了唐代,则有十二经。在这一发展过程中,《孟子》始终都处于子学的门类,并没有得到官方的重视。

到了宋代,一代大儒朱熹编撰《四书章句集注》,《孟子》位于"四书"之首。在理学的理论框架之中,《孟子》一书担当着"上达"的重要作用。借由《孟子》,理学家传达了儒家思想中由成己到成人,从做人到治国的"下学而上达"的"学而优则仕"的理解。之后的宋代科举,更以"四书"为典范,从此《孟子》开始备受尊崇。

《孟子》沉浮记

自唐代韩愈提出"道统论"之后，至于宋代，以朱熹重新注"四书"为发端，《孟子》被列为"四书"之首，成为当时儒生的必读教材。明清之际的戴震亦著有《孟子字义疏证》，呈现出《孟子》一书的全面复兴。理学家的不少思想也受到了《孟子》的影响，如张载的"大其心"多受到了《孟子》中"尽心说"的影响，"大其心能体天下之物"与《孟子》中的"万物皆备于我"，有着相通之处。又如朱熹所谈的儒者第一要义"义利之辨"，也显然受到了孟子学说的影响。朱熹著《四书章句集注》，以理学家的角度详细地注解《孟子》一书，一方面宣传了孟子的思想，另一方面又为理学的发展汲取了养料。

《孟子》除了为理学的发展提供了丰富的养料外，还逐渐成为科举取士的必读教材，这也使得数以万计的儒生开始深入地学习和研究《孟子》。根据《续资治通鉴长编》记载，宋代科举的主要内容是诗赋、帖经、墨义，"经"包括《易》《诗》《书》《周礼》《礼记》，兼以《论语》《孟子》。可见，作为科举场上的主要参与者——《孟子》，它的地位已经不仅仅局限在文化圈内，而且已经深入到政治体系的内部，成为选拔国家官员的标准。

但是，《孟子》书中诸多关于"民本"思想的内容，却让有的皇帝感到不舒服。到了明代，明太祖专门著《孟子节文》，将《孟子》中的部分篇章做了删除。《孟子节文》一书的编撰始末，向来被人神化。其实，其根源在于《孟子》一书中的思想内容与当时政权的"匹配度"不够。孟子的从祀问题，在明洪武年间，曾引起了很大的政治震荡。因为要取消孟子的从祀资格，有臣下冒着生命危险，来保证孟

江南贡院
位于江苏南京,又称南京贡院、建康贡院,始建于南宋,后发展为全国最大的科举考试场所之一

子的从祀资格。这让明代的帝王看到了孟子在"君臣关系"中所强调的"尊尊、贤贤""礼贤下士"的思想对专政政权充满了潜在的威胁。朱元璋命翰林学士刘三吾等人重编《孟子》,将其中关于"君臣"间的"不良言论"进行了清理。同样,对于类似"得民心者得天下"这样思想的内容也进行了清理。作为一个封建帝国的君主,朱元璋的做法,只能从他的政治目的去探究了。后来,无论是出于对自身形象的顾忌,还是担心引起儒生的不满,历史上对《孟子节文》都少有记录。《明史·列传二七》中讲到为了孟子的从祀问题而冒死相谏的钱唐时,提了一次《孟子节文》,却不详论其内容,这也是正史中唯一一次提

明太祖朱元璋

明太祖朱元璋（1328～1398年），明朝开国皇帝。他出身卑微，却最终统一中国，其政治生涯多经磨难，但颇有谋略。他统治期间被称为"洪武之治"。可惜，明太祖疑心重，对于良将贤臣不能以君王仁心相待，总担心江山不保，借机冤杀了不少忠良贤臣

到《孟子节文》。《孟子节文》是唯一一次帝王亲自指挥删改儒家经典的产物。因政治需要而篡改经典之事，在太平天国还发生过一次，就是洪秀全为正太平天国之名，而亲自删修了《圣经》，成为东方历史上第一个"钦点"《圣经》之人。在我们今天看来，这样的做法不免荒唐可笑。一部经典的生命，在于它内在精神的丰富性和解释的开放性，几千年前的书，放在今天，还能给人们很多启示，就在于它不息的生命力。君王试图删除不利于统治的言论，无异于限制思想自由。一方面，这样的做法违背了一切思想自由的原则；另一方面，也暴露出了帝王统治的软肋。如果他不能够使百姓享有幸福的生活，那么，他也自然会担忧民间对于政治的批判，担心自己的江山不保。把统治的心思放在钳制舆论上，而不是真真正正地去改善自己管理的方法和途径，那样，只会走进僵死的怪圈，最终断送掉自己的统治。由此可见，"节文"并非明智之选。只可惜，在古代中国政治生活中，天子一家独大，才使得《孟子》遭受到了如此不公的宦海浮沉。

小知识◎唐代的迎佛骨活动

法门寺是东汉时所建的佛寺，到了北魏时期，它开始逐渐享誉佛教界。至隋唐时期，因为法门寺内有释迦牟尼佛的真身指骨舍利，而成为家喻户晓的"皇家寺庙"。唐代的君王好佛老，在接受高僧建议后，从唐太宗开始了迎奉佛骨的活动。佛骨舍利，指的是释迦牟尼佛涅槃火化后所留下的遗骨。唐代的帝王们从法门寺中迎出佛骨，然后奉在长安，在进行完朝拜之后，再送回法门寺地宫。这样的迎佛骨活动，消耗了大量的人力、物力，往往一次就要几年，而且一次比一次声势浩大、排场铺张。唐代共有过7次迎佛骨的活动，其中，武则天时期和懿宗时期的迎佛骨活动最为奢华。704年，武则天已成为中国历史上的第一位女皇帝。为了在政治上取得绝对的权威，为自己的"女皇"身份获取合法地位，她选择了宣传"众生平等"的佛教，为自己的政治斗争开路。她命华严宗的高僧法藏、凤阁侍郎崔玄韦等到法门寺迎佛骨，这是唐朝历史上第3次迎佛骨。迎佛骨的活动，由法门寺迎出，入神都洛阳，4年后再归法门寺。这是唐代历史上迎佛骨时间最长的一次。唐代最后一次迎佛骨是懿宗时期，只可惜这次浩大的迎佛骨活动，并未能挽救大唐王朝风雨飘零的落寞，也未能换得懿宗的长寿安康。迎佛骨的当年，懿宗驾崩。年底僖宗命将佛骨舍利送回法门寺，从此关闭地宫。法门寺地宫直到1987年考古发现，才再次被打开，佛骨舍利得以再次与世人见面。

大唐迎佛图（局部）
懿宗迎佛骨是唐朝最后一次迎佛骨，其规模之大、声势之壮，都是唐朝历史上空前绝后的一次

◎ 古代的官学

在春秋之前，只有贵族家的孩子能上学，而且，是学在官府。但是，自孔子开创"私学"以来，官学和私学并行，成了中国古代教育的两条主要路线。中国人重学的习惯，也是一直以来慢慢形成的。自春秋开始的官学，从未在历史上消失过。秦代沿用了六国的学官制，立最优秀的人为博士，传经授课。到了汉代，官学的风气更浓。官学不同于私学，官学更加严密、系统，而且因为老师都有师承、家学的关系，官学的教育水平更高。古代官学与政治紧密联系，官学所教授的弟子，往往最后都成为了政治人物。官学所在的地方供奉孔子像，以表达对孔子的尊敬。

古代的官学作为官方教育的基本制度，也经历了不少的变化。在官学中，主管教育的官员和教师，被称为"学官"。秦汉时期，学官被称为博士，主要的职务是"传经"。他们讲学的地方就是"太学"，学生则称为"太学生"。这相当于中央一级的最高学府了。到了北齐，有了专门的教育机构，称为国子寺。国子寺的总管，相当于现在的校长，则被称为"祭酒"。隋文帝时以国子寺总辖国子、太学、四门等学。炀帝时改国子寺为国子监。清光绪年间，国子监更名为"学部"，清帝在各省还设置了提督学政，又称学台。学政便是一省主管教育的最高长官了。古代的官学与朝廷的选拔人才密切关联，到清末之前，都延续了"吏师"的制度，即将老师与官吏合而为一，这也是学统与政统相关联、学政合一传统的延续。

北京国子监辟雍大殿
辟雍本是学校，在东汉以后，为行"乡饮""大射""祭祀之礼"的地方。期间，唯有北宋末年是太学的预备学校，当时亦称"外学"，而内学则是"小学"

二 返本开新
——看《孟子》如何传承儒学的道统

孟子在后世被称为"亚圣",他是继孔子之后,对儒学精神影响最大的圣人。孟子虽然生于孔子百年之后,但是,他的血液中流淌着儒学的精神,如此一来,才可以一以贯之地继承儒家的传统精神。这种对传统的追溯与继承,成为了《孟子》一书贯穿始终的历史使命,我们可以通过阅读《孟子》来了解儒学精神的源头活水和脉络流变。这对于我们更好地理解儒家对人性的解读,具有极大的帮助。

1. 文以载道
——儒家血脉的传承

孟子对儒家血脉的传承，最主要就是从一文一质两个方面来阐发的。"文"，顾名思义，就是对经典的继承和传播。这种对经典的传播，不仅是现代诠释学研究的重点，更是传播学所关注的对象。通过儒家圣人对于经典的整理、传播，中华民族的文明才得以被良好地保护与发扬，这是非常伟大的创举。而"质"，就是孟子对儒家关于人性理解的深入发展。这种对人性的深刻认识，影响了中国人的性格基因与道德根基，具有深远的意义。

孟子传承儒家文化所做的最重要的事情就是对于儒家经典的传播。一切无形的文化，都寄托于有形的文字中。孔子曾经说过："质胜文则野，文胜质则史，文质彬彬，然后君子。"什么是"文"呢？"文"就是文字、文本、外饰；"质"就是要传达的思想内涵。一个人，如果光有想法，却不懂表达之道，可能就会满口荒唐。可是，如果一个人只关心华丽的辞藻，而不重视思想内涵，也可能会流于浮夸。所以，孔子认为，做君子，就应该达到内外兼修、文质兼备的状态。同样,儒学的发展也需要一个"文质彬彬"的过程,如果儒生们一天到晚只讲道理,不善用文字表达出来,那不免会被人遗忘,所以,必须要有文化上的继承。孔子是儒学的奠基人,虽然人们对于他究竟是五经的编纂者还是修订者争论不休,但是可以肯定的是,五经是因为孔子才有了重大的历史价值和文化意义的。孔子的删《诗》、修《春秋》、论《易》,都成为儒家发扬传统文化的典范。到了孟子时期,既然《诗》《书》《易》《春秋》《礼》《乐》都已被基本固定下来了,那么,他所要做的就是要发扬这些典籍的内涵。

《诗》——抒情达志

《诗》是古代中国民间诗歌的第一部荟萃之作,是帝王派专人到各地采风而成,配合以乐,充分地体现了民间百姓的生活百态、情感世界,以及国家的政治现实、君王的德行恩泽等。在《孟子·离娄下》中,孟子非常重视《诗》。所谓"王者之迹熄,而《诗》亡,《诗》亡然后《春秋》作"。孟子认为,上古之王的王道奄奄一息,《诗》也随之不复存在。正因为如此,孔子才会继作《春秋》。可见,《诗》与古之王道是息息相关的。《孟子》书中,常常引用《诗》来阐明道理。战国时期的各国,在外交礼仪中经常引用《诗》的篇章,因为在这些诗句背后,总隐含着丰富的内涵,尤其是政治意蕴。然而,今天的人们,往往只把《诗》作一般性的文学作品欣赏,反而忽略了《诗》的重大功用。例如,在谈到子女对父母的孝敬时,就可以引《诗》,曰:"永言孝思,孝思维则。"就是说儿女要永远都记得对父母的孝,"孝"是子女与父母之间情感的准则。又比如,在谈到政治的合理性时,孟子一向以"法先王"为原则,他就引《诗》,说:"《诗》云:'不愆不忘,率由旧章。'遵先王之法而过者,未之有也。"通过引用《诗》,来说明对于先王所制定的礼制章法不应有所遗忘,要坚定地遵守,就不会有所过错。这样的例子,在《孟子》一书中还有很多。其中,有一些是孟子对于某种思想进行阐述时的引用,而有些则是孟子的弟子在思考老师提出的问题时所引用的。可见,在《孟子》一书中,《诗》是非常重要的学习内容。学生和老师不仅学习它,还要常常应用它,不仅可以解决生活中切身的问题,同时也运用到政治中,解决天下的问题。

《书》——博古论今

孟子除了重视《诗》,对于《书》也有很多运用。《尚书》是中国最早的官方文件汇编,记载了夏、商、周的史事、政事、君令等。《孟子》一书中,也有多处引《书》,这相当于我们今天在做政论之时,往往引经据典,以以往的历史来端正现代人的行为。在《孟子·梁惠王下》中,孟子就讨论圣王之"勇",而引了《书》中句子,以"天降下民,作之君,作之师。惟曰其助上帝,宠之四方。有罪无罪,惟我在,天下曷敢有越厥志"来阐述一个君主在行国家之事时,应该能得助于上帝,如此才能真正地实现王之大勇,而不是一味愚昧冲动地严酷施政。

甲骨文

甲骨文是中国目前发现的最早的、体系较为完整的文字,19世纪末在河南安阳发现。对于研究商代的历法、政治、民俗、宗教等都有着非同寻常的意义

子路、曾皙、冉有、公西华侍坐

冉有（约前522～前489年），名求，字子有。孔子曾称赞他"可使治赋"，可见他的行政处事能力非常了得。冉有曾拜见孔子，询问"季氏将伐颛臾"之事

在《孟子·滕文公下》中，孟子曰：

"尧舜既没，圣人之道衰……《书》曰：'丕显哉，文王谟，丕承哉，武王烈，佑启我后人，咸以正无缺。'"

讲的是在尧舜去世之后，圣王的王政之道就也随着圣王的离世而衰微了。这个时候，那些暴君便开始兴风作浪，破坏了以往的良政，使得百姓们不得安乐地生活，无法温饱。后来到了商纣之时，天下已大乱，周公辅助武王诛灭纣王，讨伐奄国，终于将一切野蛮驱逐于疆域之外，百姓得以安乐地生活，天下遂大悦。

此处，孟子引《书》中的"丕显哉，文王谟，丕承哉，武王烈，佑启我后人，咸以正无缺"句，其意思就是，多么卓越显著啊，文王的谋略！多么伟大高尚啊，武王的功绩！请保佑我的后人吧，启发我们，使得我们只有正确的道路，而不再有错误。

可见，孟子引《书》的意义，在于透过《书》的话，来表达自己对于三代圣王之治的歌颂，同样也是对当时政治的鞭策。

《礼》——儒门之制

《礼》指的是《礼经》，它包括《周礼》《仪礼》《礼记》。"三礼"是儒家精神最直接的文字承载，是儒家精神制度性的记录。最早的儒生就承担着主持国家、宗族的礼乐活动的任务，这其中包括祭祀、行军、节庆等一系列礼乐事项。"礼"作为一种制度文明，最早由周公完成。然而，东周末期，礼崩乐坏，原有的社会结构被破坏，诸侯大夫多有一些不合礼的僭越行为。但是，孔子所在的鲁地，却保留了最为完整的礼乐制度，因此孔子才会努力地践行、传扬、重建礼乐的制度。在孔子的努力之下，"礼"作为外在的制度，获得了内在的支持，那就是以"仁"来解释"礼"。至此，"仁"和"礼"成为了小到个人、大到国家都并行不悖的最高原则。

在《孟子》中，孟子也非常重视"礼"的问题。虽然在当时，"礼制"的具体内容已经发生了不小的改变，但是，孟子还是非常尊重"礼制"。在《孟子·万章下》中有以下对话。

北宫锜问曰："周室班爵禄也，如之何？"

孟子曰："其详不可得闻也，诸侯恶其害己也，而皆去其籍；然而轲也尝闻其略也。天子一位，公一位，侯一位，伯一位，子、男同一位,凡五等也。君一位,卿一位,大夫一位,上士一位,中士一位,下士一位,凡六等……"

在这里,孟子对北宫锜所问的周礼中关于爵位所应享有俸禄的规定,一一做了解答。孟子虽然也感到,对于当时所行的礼制而言,多因为受到诸侯个人的喜好而被篡改,以至于当时的很多人都不了解究竟《礼》中是如何规定的。但是,他仍然坚持周礼之制,尽最大的努力还原周礼中对于爵禄所做的规定。在这里,周礼将人按其社会角色分为六等,分别是天子、公、侯、伯、子、男。公、侯、伯、子、男是周代由周天子所封的爵位。孟子对于这些依据不同的爵位所获得的俸禄,做了具体的解释。可见,他对于周礼是很了解的。

在礼制的具体规定之外,孟子同样注重"礼"的内涵价值。在《孟子·离娄下》中,孟子曰:

"仁者爱人,有礼者敬人。爱人者,人恒爱之;敬人者,人恒敬之。"

在孟子看来,君子之所以和别人不一样,就在于君子可以存养他

聘礼行迎图

"婚礼",本称为"昏礼",也是儒家的嘉礼之一。在男子和女子分别完成"冠礼"和"笄礼"后,才可以举行"昏礼",因为是在黄昏举行,所以称为"昏礼"。这是出土于湖北江陵的一个春秋战国时期的漆奁上的漆画。马车在当时属于高档交通工具,一般只有王公贵族家才有。画中这户人家为了聘娶新娘,动用了马车,就好像现在结婚用名牌轿车一样,可见场面之隆重

的本心。君子要如何存养本心呢？那就是以"仁"和"礼"来存养本心。以"仁"的境界来存养本心，就可以爱人；以"礼"的原则来存养本心，就可以敬人。如果你一直都爱护他人，那么别人也会以同样的爱心来对待你；如果你一直都尊敬他人，那么别人也一定会一直以尊敬的心来对待你。可见"仁"和"礼"一刻也不能分离，而孟子强调"礼"，也是因为要通过"礼"来使人不断地修炼自身，达到君子的境界。

《春秋》——以史鉴今

在《孟子·滕文公下》中，孟子说：

"圣王不作，诸侯放恣，处士横议。"

这段话是孟子批判当时横行的处士之说而发出的感慨。儒家向来认为，对于政治的评论，应当由正当的途径出发。什么是正当的途径呢？肯定不是那些街头巷尾的闲谈议论了，那些闲言碎语只能是对政治的妨害。正当的途径，是由圣王发出的具有神圣性和正当性的评价。所以，孟子又说：

"孔子成《春秋》，而乱臣贼子惧。"

《春秋》是古代的史书，本来各国有各国的历史书。但孔子认为，鲁国的史书可以在一定层面上反映周代的历史，因此选定鲁史修订，这就是"孔子成《春秋》"的故事。孔子为什么要修订《春秋》呢？就是因为《春秋》是圣王对于政治的评论，不仅包含着对历史的记录，更包含着对历史的评价。这种评价，不是茶余饭后的谈资，而是具有神圣性和严肃性的政论，它代表着圣王之治的权威性。孟子用这一句话，说明了孔子"述而不作"的重大意义。同时，也表明了《春秋》的重要性。孔子通过订《春秋》，来褒贬时政、评价道德。《春秋》

相当于西方的判例法,人们通过学习《春秋》中的历史事件和人物行为,来整顿社会秩序。所以,那些乱臣贼子之所为,因在《春秋》中备受批评讨伐,他们才会感到恐惧。

孟子对《春秋》的传承主要在于他对于《春秋》之义的发微上。何以见得呢?一般来说,《春秋》中对于圣王之道的肯定和阐扬,多从"尧舜"说起,而在《孟子》中,"言必称尧舜"之说,自然与《春秋》大义多有契合之处。何况,在《孟子》谈到《春秋》之用时,也毫不避讳地讲,是为了使"乱臣贼子惧",显而易见,也是对于《春秋》原本讲"史"、后才引申为"褒贬是非"之义的"笔法"的断语。孟子肯定

《春秋公羊传》(砖拓本)

《春秋公羊传》,简称《公羊传》,为《春秋》三传之一,公羊高所作。公羊高相传是子夏的学生,这一传先是由公羊高口传,后来由他的玄孙公羊寿和胡母生一起记录下来。《公羊传》非常重视"微言大义",是研究儒家政治哲学的重要典籍

三代之治,他所坚持的"法先王"的政治理想源于《春秋》中对于三代圣王之治的肯定与推崇,这也是孟子在思想上传承《春秋》的一大特点。

《孟子》书中,我们看到的孟子是处处引经据典来论证自己思想的人。通过他对于《诗》《书》《春秋》的引用,也使得这些经典得

以传承。

  不过，奇怪的是，《孟子》书中，经常谈到《诗》《书》《礼》《春秋》，却不见《易》和《乐》。除了《乐》已散佚，《易》之所以不常见，大约是因为延续了儒家学者对于玄妙之理的谨慎态度。对于这种形而上的理论，在儒家学者的讨论中都很罕见，并不是因为他们缺乏这方面的认识。因为在他们看来，现实的生活世界才更值得关注和探究。孟子对经典的传承，也是秉持着这样一种强烈的现实主义精神。

小知识◎"笔则笔，削则削"的春秋笔法

  春秋笔法，指的是孔子修《春秋》时所坚持的"为尊者讳，为亲者讳，为贤者讳"。简单地说，就是在当时，对有些时事进行记述、评论的时候，有所避讳，亦有所指涉。这种春秋笔法，是儒家通过历史事件来表达自己思想观点的一种典型方法。春秋笔法在汉代非常受董仲舒等人的欣赏，"《春秋》公羊学"所宣传的"大一统""三世说"等都发挥了春秋笔法的微言大义之法。在春秋笔法中，最简单的方法有两个：一个叫"直笔"，就是直接地表达自己的意见，直抒胸臆；另一个叫"曲笔"，就是表达微言大义的方法，有些话不能明说，就只好不说或者隐含着说，或者拐着弯地说。春秋笔法是中国古人著书立说中喜欢用的一种方法。因此，读古书切不可急躁，有些字句必须仔细斟酌。

◎六艺

晋朝大文豪陆机在《文赋》中赞叹:"漱六艺之芳润,收百世之阙文。"

何谓"六艺"?它指的是周代教化育人的六大科目。最早关于"六艺"的记录,出自《周礼·地官司徒》,提到要教育万民,需用"六德、六行、六艺"。六艺即"礼、乐、射、御、书、数"。

礼,指的是"经礼三百,曲礼三千",大到治国之道,小到待人接物,洒扫应对,都要学习"礼"的要求。

乐,指的是庆贺燕飨、吟诵舞动的音乐、舞蹈和诗歌。古代行礼之时,必配有相应的"乐"。"乐"在国之大礼中占有极其重要的地位,因此春秋时期还设置了专门掌管"乐"

古代算筹和算袋(复制品)
算筹是中国古代用来记数、计算的工具,春秋战国时期已经出现。孔子曾用它作教具,给弟子讲授数学知识

的官职。

射,指的是射箭的技艺。孔子认为,君子的德性可以通过射箭体现。射,体现了君子之争,必合乎礼、止乎情。虽然是比赛,但也有一定的规则和礼让之貌,其过程远远重于结果。

御,指的是驾车的技艺。驾车在古代可不是简单的驾驶技术。按郑玄的解释,"御"兼有统筹、指挥、运作的综合技能,行车时遇激流险境而不乱,逐鸟兽飞禽而不慢。因此,

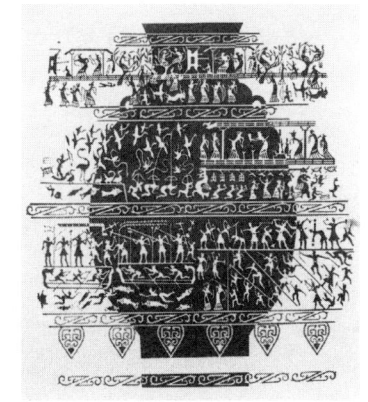

射礼

射礼,是儒家最重要的社交礼仪之一。孔子认为:"君子无所争,必也射乎!揖让而升,下而饮,其争也君子。"就是说君子如果一定要竞争,那么必须是合乎于"射礼"的,要有礼貌地谦虚,无论输赢,在比赛后都喝一杯酒,不失风度。"射礼"最符合儒家"礼"的精神,表现了儒者自如、洒脱、谦虚、大方的态度。图为战国时期水陆攻战纹铜器,第一道纹饰表现的就是"射礼"

驰骋的御术,是君子必修之技。

书,指的是挥斥方遒的书法技艺。君子所习,必舞文弄墨,"书"更是体现了美的思想。"见字如见人",书法之技,不仅承载着对美的追求,也体现着一个人的内在品性。

数,指的是天文历数。古代中国人将天文、算数通过《易》联系在了一起,同时,也通过对数的研究,来探讨"人副天数"之玄妙。

汉代独尊儒术后,也以六经指六艺。

2. 反思仁义

——儒家精神的张扬

《孟子》一书,继承并深化了孔子"仁"的核心理论。孔子作为儒门先师,最早提出了"仁"的思想。"仁"是什么?从字形上来看,就是两个人在一起。这说明,"仁"是一个人本身的品德,同时更是一个人为人处世时应该践行的品行。"仁"是儒学的最高范畴,它包含了对于人性的认识、对于道德的认识,以及对于群体的认识。儒家的很多学者,都一直在探究什么是"仁"。亚圣孟子,自然对于"仁"也有着一番自己的理解。

爱人即是仁者

简单地说,孟子认为"仁"就是"仁者,爱人"。

在《孟子·离娄下》中,孟子说:

"君子所以异于人者,以其存心也。君子以仁存心,以礼存心。仁者爱人,有礼者敬人。爱人者,人恒爱之;敬人者,人恒敬之。"

这是对于"仁"最为核心的一种解释。"仁"是什么，或许可以用100种定义来解释。孔子在对弟子进行教育时，也没有给出一个确定的答案，而是针对不同的人，进行了不同的解释。为什么作为儒家的核心——"仁"，没有一个最为权威的答案呢？是因为"仁"太复杂、太难以理解，还是因为别的原因？要理解为什么孔子没有给"仁"一个确切的答案，就必须了解儒家的终极关怀在于现实人生、社会，而不是追求形而上学式的"理念"。与古希腊的哲学家们不同的是，中国的先哲们虽然也对智慧保持着积极的追求态度，但是，他们更关注当下的生活。孔子针对不同的弟子和不同的处境，对"仁"作出不同的解释，实际上是给了"仁"一个广阔的诠释空间。人们只有了解了儒家的现实关怀，才能结合自己的际遇和自己的特点来理解"仁"。

对于孟子而言，"仁"的含义就是"爱人"。战国时期，各诸侯国之间的战争不断。从"春秋五霸"到"战国七雄"，贫民百姓是战争中最无辜的受害者。凡是战火所到之地，必然生灵涂炭。其实，即便没有战争，百姓也过着民不聊生的日子。当权者只知享乐，不顾百姓之生死。当时又有很多纵横家、术士之流终日奔波于挑唆战争、抢夺利益的事务中，根本不关心老百姓的生活。正是在这样残酷的历史背景下，孟子才提出了"仁者，爱人"的理念。"爱人"是一个非常温情的词汇，但是，"爱人"的背后，有着强大的力量。"仁"也是如此，它看似毫无攻击力，但是，孔子说过："志士仁人，无求生以害仁，有杀身以成仁。"就是说有志存仁的君子，绝对不会为了求得生存而损害"仁"。但为了成就"仁"、实现"仁"、遵从"仁"的德性，却可以毫不犹豫地付出生命。光是这一句，便可以看出"仁"的强大力量。同样，"爱"也是这样一种具有含蓄的、强大的力量的德性。孟子在人人相残害而无不忍的时代，提出"爱人"的观念，就是对"仁"

的一种带有强烈现实色彩的诠释。

善良才是人性

既然"仁者,爱人",那么,如何才能证明人会爱人呢?《孟子》一书的第一个精髓即在于此,这也是孟子对于儒学的最大贡献,为"仁"找到了真正的内在根据。这个根据就是《孟子》中所说的"性善论"。

关于人性的讨论,古今中外有很多不同的观点,但就孟子看来,人之性在于其善。为什么这么讲呢?孟子从人有四端讲起,《孟子·公孙丑上》中,孟子说:

"人皆有不忍人之心。……恻隐之心,仁之端也;羞恶之心,义之端也;辞让之心,礼之端也;是非之心,智之端也。人之有是四端也,犹其有四体也。有是四端而自谓不能者,自贼者也;谓其君不能者,贼其君者也。凡有四端于我者,知皆扩而充之矣,若火之始然,泉之始达。苟能充之,足以保四海;苟不充之,不足以事父母。"

这一段较长的话,就是孟子"四端"说的根本。"四端"的发起,在于每个人都有"不忍人"之心。每当我们身边有亲人遭遇逆境、朋友生活不济时,我们都会深深地为他们担忧;每当我们看到媒体上有关于战争、灾难、疾病、贫穷时,我们也会在内心深处感到种种不安,希望厄运能够早点离开,所有的阳光和幸福都能降临在每个人的身上。尽管在今天的社会中,人们或许因为种种生活的压力,变得冷漠无情,但我们总是在远离人群、夜深人静时,感到来自生命内部的挣扎与呼喊,感受到内心的"不忍"之心。正是因为有不忍之心,我们才会产生恻隐之情。孟子那个时代,其黑暗与动荡,远比现在更为残酷。即便是在生存都时刻遭受冲击的年月,孟子仍能敏锐地指出:人们在疲于奔命、乞讨生存的麻木状态下，仍会因为看到一个小孩子落井，而产生心痛担忧的恻隐之心，这就是"仁"内在于人的端倪；人们会因为做了不对的事情，而羞愧难当，这便是"义"的端倪；与人相处时的谦让恭敬，而有了"礼"的端倪；每每临事时，能够理智独立地判断是非对错而有了"智"的端倪。人因为有了恻隐、羞恶、辞让、是非之心，而成就了"仁""义""礼""智"四端。正因为人有了此四端，才能扩充到周身全体，在做人的漫漫长路中不断地实现和发挥它们，从而成为一个"人"。孟子说的这四端，就像四肢一样，它们天然地是人的一部分。孟子通过打比方的方式，来说明这四端即是人的本性。如果人不能够好好地发挥自己的本性，而乖张任性，那就和残害自己的身体一样，是在自己伤害自己。但是，如果人能够好好地发挥自己的本性，不仅能成就完满的人生，亦能发挥自己的余热，为社会多做一点事。

在《孟子》中，孟子通过"四端"来说明人性善的问题，但是，他在当时却遭到了告子这样的思想家的反驳。因此，孟子便通过与告子的争论，来进一步深入地解释为什么人性本善的问题。这场与告子的争论，也可以视为儒学史上儒家思想家与其他学派之间最著名的争论之一。《孟子》中有两章都以《告子》命名。在《孟子·告子上》中有以下对话。

告子曰："性，犹杞柳也；义，犹杯棬也。以人性为仁义，犹以杞柳为杯棬。"

孟子曰："子能顺杞柳之性而以为杯棬乎？将戕贼杞柳而后以为杯棬也？如将戕贼杞柳而以为杯棬，则亦将戕贼人以为仁义与？率天下之人而祸仁义者，必子之言夫！"

杞柳，就是一种树枝；杯棬，是一种容器。在告子看来，人性和

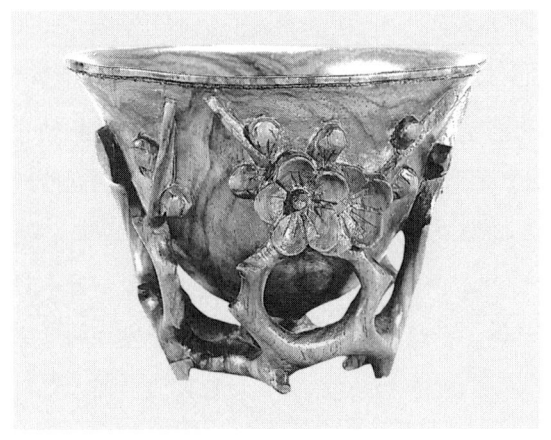

清刻梅花纹木杯
杯棬，又作"杯圈""杯""圈"，是一种木质的盛酒器皿

仁义之间本不相同，如果非要说人性就是仁义的话，那么就如同说树枝是容器一样荒唐。孟子对于告子的这一说法，很快地给予了反驳。他对告子说，你是顺着树枝本来的性质来编织一个容器呢，还是要破坏枝条的性质来编织容器呢？如果是以破坏枝条本身的特性才能编成容器，那么是否就同破坏人的本性来达成仁义一样呢？你如果这样说的话，那可真是率领着天下人来破坏仁义之道啊！

告子自然不能认同孟子对他的反驳，他认为人性和水是一样的，如果东边决堤，则是流往东边；如果西方决堤，便是流往西方。"人性之无分于善不善也，犹水之无分于东西也。"

孟子曰："水信无分于东西。无分于上下乎？人性之善也，犹水之就下也。人无有不善，水无有不下。今夫水，搏而跃之，可使过颡；激而行之，可使在山。是岂水之性哉？其势则然也。人之可使为不善，其性亦犹是也。"

乍看之下，有的人可能会觉得告子的言论很有道理。可是，孟子却坚决地予以反驳。孟子说，水确实是不分流向，但是水难道不分上下吗？人的本性善，就和水的本性是往低处流一样。人没有本性不善的，就好比水没有不向下流的一样。水可以勃然激荡，翻山越岭，逆流成河，并不是因为水性如此，而是因为地势的原因，就好比人可能在做人过程中不善一样，并不是本性所决定的。

至此，告子依旧不服气，提出了"生之谓性"的著名命题。他说："生之谓性。"

认为"性"就是人出生时所具有的那个自然性。孟子巧用了逻辑的反问，说生就是性，和白就是白是同样的吗？在得到了告子的肯定之后，孟子又问，翅膀的白与雪的白一样吗？白雪的白和白玉的白一样吗？告子依然回道是。孟子再问，犬的性和牛的性一样吗？牛的性难道和人的性也一样？告子这才语焉而不详，不知如何回答。

其实，在今天看来，告子只是说了"性"是什么的问题，并没有回答"人性"是什么的问题。正因如此，他才会觉得"性"是自然的，无所谓善恶。孟子当然反对这样的观点，他以"四端"的学说，说明了"人性本善"的人性论思想。

人与动物有别

《孟子》中在谈到"四端"时，还特别地强调了一个动作，那就是"扩"。什么叫"扩"呢？"扩"就是扩充，引申为锻炼。就好比人的身体四肢，虽然每个正常人都具备，但是有些人的四肢，因为缺乏锻炼，空有一副架子，肩不能挑，手不能提，或者一遇风寒，便四肢酸痛，平时遇到一点跌打损伤，也不能及时康复。比如，我们生活中有不少上班族都是这样，因为长期缺乏运动，有时候身体还不如年长者健壮。其实，心之四端和身体的四肢也一样，需要不断地在现实生活中锻炼，才能越来越强大。人性也是一样，如果后天不好好地去培育它、锻炼它，它也会像四肢一样萎缩。在今天，人们若过分关注于物质、财富、名誉，甚至是不择手段，那就是无法涵养自己的本性，锻炼自己的"心"。人性一旦被戕害了，就是对自己最残酷的伤害，别说要成就一番事业了，即便是好好地做人，恐怕也是天方夜谭了。《孟子》的四端之说，就是要说明，人性本善，它在人心中，是一个"端"，是一个很小的根，如果不好好地锻炼、呵护，那么一旦根烂了，做人的能力就没了。所以，孟子才会在讲"四端"时，提出"人禽之辨"。

在《孟子·离娄下》中，孟子曰：

"人之所以异于禽兽者几希，庶民去之，君子存之。舜明于庶物，察于人伦，由仁义行，非行仁义也。"

"几希"就是非常微小的意思。人和禽兽的差别，其实根本不大，人可以吃、喝、活动，禽兽也是一样。从前认为人可以思想，但是禽兽不可以。近年来科学证明，动物也有着简单的思维能力。那么，人和禽兽的差别究竟在哪里呢？2000多年前，孟子就给出了答案，那就在于"仁义"之别上。人因为有"四端"，所以不同于"禽兽"。这之间的差别，一些人没有意识到，就匆匆忙忙地忽略掉了自己的善良本性，将自己滑入了禽兽之列。但是君子却谨言慎行，时刻反思自己为人的本性，从而将自己的本性存留了下来，并发扬光大。"由仁义行"就是要顺着自己的本性来做人，而不是在失掉自己的本性之后，却又装出一副道德的模样，来虚情假意地做仁义之事，博取他人赞许。在孟子看来，这样做已经丧失了做人的本性。

《孟子》中的这段话，非常值得我们今人去反思。胡适在20世纪30年代时，就曾对青年们说过：在离开学校后，首先就是要继续保持自己对于高尚品德的追求。回头看《孟子》的话，就可明白，坚守人的本性而活，应该是人一生最重要的功课。人只有追随了自身的本性，并不断地发扬扩充它，才能实现为人的全部价值。这也就是儒家最强调的"爱人"，它首先是爱护自己的本性，其次才能够由血脉亲情推扩到人间四海。

仁义内在于人

对于"仁"是一种人的内在品质，大家都比较容易理解。可是对于"义"来说，我们多半认为这是在与人交往时，才应具备的品性。当大家都把"义"看作是一种外在于人的本心的道德规范，那么，行义之事，有时候便可能是悖于自己的本性，成为不得已而为之的"强人所难"之事。在孔子的后学里，对于"仁内义外"的争论就不少，有的儒生认为，"仁"是家门内的一种需要，比如孝、悌等，这些都是和自己的本性以及和自己的家庭有关；而"义"则是在家庭之外，处理公共生活时的品质。时至孟子，这样的争论依旧存在，孟子反对这种把仁义分开的做法，而是坚定地认为"仁义内在"。

告子说："食、色，性也。仁，内也，非外也；义，外也，非内也。"他认为，饮食男女，就是人的本性。仁是内在的东西，而义则取决于外在的东西。孟子问道：怎么理解仁内义外呢？告子解释道：因为对方是长者，所以我尊敬他，尊敬并不是我本所有的，而是取决于对方比我年长。这和外物的白是因为它白，我才觉得它是白色的是一个道理。可是孟子不同意这种观点，在他看来，如果本身并无恭敬之心，那么即便对方是老者，也不会去尊敬的，怎么能说义是外在呢？

简单地说，孟子和告子站在不同的角度来看待仁义的问题，因此才会有这样的分歧。在告子看来，普遍的规律是一种外在性的，人的所为，只能取决于他所对待的对象。可是，孟子觉得，仁是一种普遍的内在规律，人的所为，恰是人内心的彰显，而不是由外在的具体情形来决定的。

今天我们如何来理解仁义的问题，仍然是仁者见仁，智者见智。但是，若我们从孟子的角度出发，来考量自己的人生，就会发现，因为我们将仁义视为自身内在的德性，我们在遭遇困难时，会充满乐观和朝气，不再会因为境遇欠佳而苦恼不堪。可以说，孟子在2000多年前，就发现了人心具有强大的力量。

小知识◎战国风云

燕、齐、楚、秦、赵、魏和韩是战国时期实力最强的七个诸侯国，史称"战国七雄"。

在战国早期，齐与秦是实力较为强大的两个诸侯国。齐，据山东、河北一带，是从姜太公建立的齐国逐渐发展起来的。齐国在春秋时期，就已经是居于霸主地位的诸侯国。齐桓公小白，被称为"春秋五霸"之一。秦，地处西北，据陕西、甘肃一带，秦一边与西边的少数民族斗争，一边向东扩展，逐步加强自己的实力。秦国在扩张期间，大力向各地征召贤士，早在秦穆公时期，就以善纳良才闻名。因此，秦在春秋时期，就已经开始了兴旺发达之道。

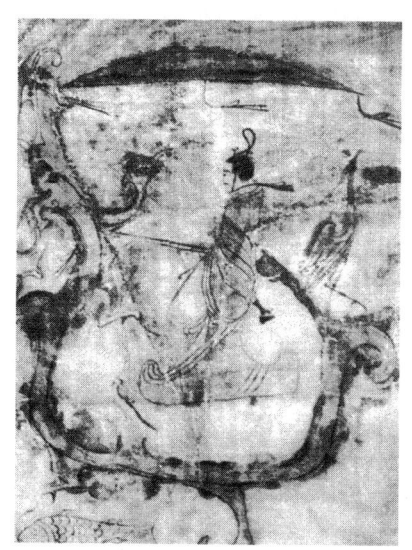

《人物御龙帛画》
湖南长沙楚墓出土,是最早的帛画之一。楚地的帛画,是楚地绘画的典范之一。此画中立一男子,佩以长剑,在龙脊之上,威猛潇洒

到了战国中期,各个诸侯国之间开始合纵连横,简单地说,就是联合一国,打击另一国。在取得胜利之后,同盟之间又会因利益的分配不均而分裂,重新进行斗争。战国时期的254年,中华大地上烽火不断,硝烟弥漫。最终,在公元前221年,秦王嬴政终于吞并六国,实现了天下的大一统。秦朝是中国历史上第一个统一王朝,尽管它是个短命的王朝,但是它结束了战国时期疯狂的战争态势,并且"车同轨,书同文",在文化上也做到了有效的统一。

战国时期,因为各诸侯国的发展态势不均,各地的经济水平不一,又因为各诸侯国割据一方,因此文化上也有不少差异。如楚国,它地处湖南、湖北、江西、安徽一带,其文化与其他北方的诸侯国大不相同。楚国在音乐、舞蹈、绘画、雕刻方面都非常优秀。1978年,在湖北随县出土了曾侯乙编钟,它的音色醇厚,直至今日依旧可以敲打出悠远的声音。

三 内圣外王
——跟《孟子》学习儒家的王道政治

在历史的流变中,儒学的道统经历了兴衰起伏。"道统",简单地说就是儒家精神所在的"大道",是儒学生命的延续。如一切生命一样,儒学的道统也需要在原有的生命中不断地分裂出新的细胞,才能不断地延续。孟子是一位有着豪情壮志的儒家圣贤,他有着积极的文化意识和责任意识。因此,在传承了原有的儒学生命后,他又结合时代的特性,发展出新的思想,使得儒学的生命,发出新的枝丫,绽放新的花朵。这就是他从君子人格到君子入世所展开的思想脉络。

1. 王者之仁
——理想的君王风范

什么是儒家的理想政治呢？简单地说，就是"王道仁政"。"王道政治"的根源就是"仁政"。"仁政"是一个完整的体系，《孟子·梁惠王章句》中，孟子与梁惠王的讨论就主要体现了这个体系。而"仁政"的实施者，就是儒家理想的君王。尤其是在《孟子》中，一个理想的君王，是能够将儒家的理想与社会的现实结合起来、实现天下太平的圣君。因此，对于理想的君王风范，《孟子·梁惠王章句》中提出了系统的阐述。

尧帝
尧帝是上古之王，传说他在位70年，90岁的时候将帝位禅让给舜。孟子言必称尧舜，在他看来，恢复尧舜之制是儒学的主要目标

仁心乃是根本

首先,王者应有仁者之心。孟子见梁惠王看到用于祭祀的牛而感到残忍不安,发现梁惠王"恩足以及禽兽",于是对梁惠王说:

"今恩足以及禽兽,而功不至于百姓者,独何与?然则一羽之不举,为不用力焉;舆薪之不见,为不用明焉;百姓之不见保,为不用恩焉。故王之不王,不为也,非不能也。"

既然王的恩泽都可以惠及牲畜,那么如何不能够用功在百姓身上呢?一根羽毛也举不动,是因为没有使劲;点了火却还是看不到,那是因为目盲;百姓没有得到王的保护,那是因为王根本没有施恩于他们。所以,王之所以未统一天下,是因为您没有实行仁政,而不是您不能啊。

孟子看到了梁惠王的仁心,认定"是心足以王",这是他阐述仁政的先决条件,同时也是必要条件。但凡行仁政的君王都必须由这颗仁心出发,若君王无此心,则此道不可行。若君王强行仁道,却无仁心,那很快就会走到岔路上去。更进一步而言,君王若不依自己的仁心而行,则是"贼",就是戕害了本性,即戕害了仁义,这是孟子强烈反对的。

王者重义轻利

其次,"王有仁义即可"是说为政没有什么别的技巧,只在于"仁义"二字。仁义是政治的根本,是不可选择的根本原则。孟子之所以反对谈利,就是因为追求利的政治偏离了仁义的根本。孔子在世的时候,儒门较少谈利,以至于《论语》中记载孔子"罕言利"。但是,《孟子》

开篇即将"利"与"义"作为对立的问题提出，可见从孔子的不愿言利，到孟子的必须言利，是历史发生了巨大的转变。那时，礼乐崩坏作为一个既成的事实，孟子也已经无法无视现实，因而不能避免谈利。但是，在儒家看来，寻利并非君子所为，所以孟子只能切入要害，从分析义利之辨入手，才可实现劝服君王施行儒家的仁政。那么，仁义究竟可以带来怎样的政治效果呢？在《孟子》中举了不少的例证。《孟子·告子下》中，孟子在石丘遇到宋人宋。宋听闻秦楚要交兵，于是想去游说秦王或楚王不要出兵，因为交兵不利于两国。孟子听闻后，首先肯定了宋的想法，并对他的举动提出了一些建议。

孟子肯定了宋志向的远大，却觉得他的提法不可行。宋以"利"来说服秦王和楚王，秦王和楚王又都非常喜欢利，这样的劝解可谓正中下怀。所以双方都可能因为图利而撤兵，臣子也会抱着图利的心去服事君王，儿子也会怀着图利的心去对待父亲，弟弟则心怀谋利之情去对待兄长。这样一来，君臣、父子、兄弟之间都没有仁义可言，而是在彼此的交往中以利为原则。这样下去，不灭亡是不可能的。如果宋肯用仁义来说服秦王、楚王，那么同样道理，王会喜欢仁义，将士们也会喜欢仁义。这样，人臣、儿子、弟弟与君王、父亲和哥哥相处起来，也都会以仁义之心相对待。于是，君臣、父子、兄弟都不计较图利，从家到国都会真正地兴旺起来。可见，在孟子看来，利和仁义都是人所喜爱的，可是图利之国和图利之人，其下场终究可悲。只有以仁义来治国、待人，才能有长治久安和幸福。

内圣才能外王

《孟子》一书对于儒学的传承之道,以性善论为根据,强调了在人性善的根基之上,君王行"仁道"的"内圣外王"的路径。"内圣外王"是儒学的最高境界。儒家是要成就君子的学说,所以孔子谈"仁",孟子讲"爱人"。同时,儒家更是讲实现天下大同的处世之学,所以孔子谈"三十而立",孟子讲"行天下之大道"。一个人只要内在修己,进而就能对他人行仁义,这就是儒家推己及人的思维方式。《孟子·梁惠王上》中云:"老吾老,以及人之老;幼吾幼,以及人之幼。"就是说要像对待自己家的老人那样,去对待别的老人;像对待自己的孩子那样,去对待别人的孩子。这就是儒家的推己及人的思想。这个看似简单的道理背后,其实有着很深的意义。从个人的修身来看,是要修身正己,从而承担齐家、治国、平天下的历史使命;从国家的政治来看,就是要求君王要有德有位,做到德位兼备,才能以仁政来影响国家的政治、百姓的生活。

近代以来,西方的文明不断地冲击着古老的中华文化。人们先是反对伪道学、伪理学,接下来又反对父权、帝制。似乎只看到了儒家的贫瘠,而未曾想到儒家对于几千年华夏文明的滋养。好在有新儒学能在一片激进的讨伐声中,冷静下来,看到儒家的意义与价值,在"仁、义、礼、智、信"与西方启蒙的"民主、自由、科学"间找到了新的联系,由"良心的坎陷"处寻找到由"内圣"开出"新外王"的路径。无论新儒学是否已实现了这一理想,这种对待传统谨慎恭敬、对待未来宽容自信的态度,的确是我们在面对传统与现代的对抗时,所应具备的素质和眼光。

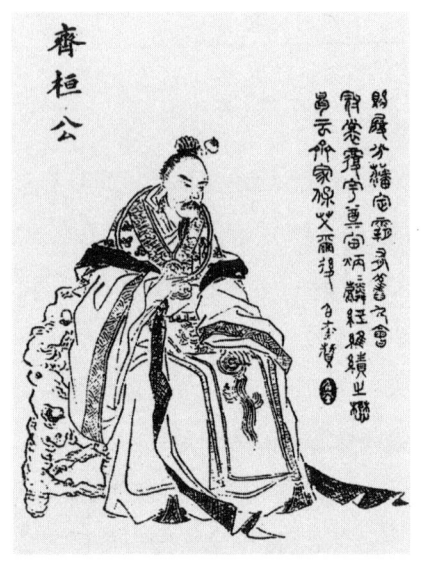

齐桓公

春秋时期齐国第16代君主,姓姜,名小白,齐僖公三子,齐襄公弟,是首先称霸中原的国君。孟子虽然在一定程度上认可管仲辅佐齐桓公一统天下的功绩,但却不赞许和鼓励桓公的霸道

可以说,儒家由己到人、由身到行、由德到位地推扩理性,奠定了"内圣外王"的宏大理想,也影响了几千年来儒生干政涉政的核心原则。

仁者自然无敌

孟子提出"仁者无敌"是王制的最高境界。在"仁者无敌"的讨论中,孟子重点对刑法、赋税等问题进行了讨论,可以说这是一场与当时的方士和纵横家别开生面的争论。春秋战国时期,兼并战争频繁,各国为了独霸一方,对内采取严苛的制度,苛于刑法,而不重视养民;对外,则是遵循各纵横家之游说,连横合纵,互相攻击。从当时的史书中可以看到,各诸侯国间或互为联盟,或互为攻伐的事例屡见不鲜。

在所有的征伐过程中，各诸侯国自然只重视其军事力量，为了胜利不惜一切代价，但这些征伐都不再是汤武革命那般具有仁义之本性，而全然出于利之所趋。孟子在这样的历史环境中讲"仁者无敌"，深刻地指出了非义之战最终都将以根本性或原则性的失败告终，即便短期内所看到的是胜利的结果，这样的统治方法，内伤而外患，最终也将必然导致失败。因此，从长远的眼光去看，只有"仁者"才能是"无敌"的。所以，《孟子·梁惠王上》中，孟子说：

"地方百里而可以王。……故曰：'仁者无敌。'王请勿疑！"

如果君王肯对老百姓施仁政，减少刑罚，减轻赋税，教育百姓精耕细作，年轻人可以有时间修养自己的道德品行，学习孝悌忠信，在家孝顺父母、尊敬兄长，外出时与人为善，那么就是制造木棒，也可以抵挡坚硬的盔甲和锋利的刀刃了。可是秦王、楚王，不让老百姓按时耕种粮食，使得他们不能够赡养父母，结果导致老人被饿死，兄弟妻子各散一方。他们的暴政，导致国家的老百姓都陷入水深火热之中，这个时候，君王您去征战秦、楚，就是解救了那些黎民百姓，还有谁敢与之抵抗呢！这就是"仁者无敌"的道理了。

一个有着仁爱之心的君王，是不会轻易发动战争的，他所关注的是"省刑法、薄税敛，深耕易耨"，即制定刑法时，非常谨慎，减轻赋税，让百姓精耕细作。仁者关注的是内部的建设与发展，只有国内安定，才可以抵御外部侵扰；只有国内繁荣，才有能力和实力迎战。这便是"仁者无敌"的深远意义。孟子所言，其情真，其心诚，其理精。虽然在当时未能最终实现，但却对今日各国建设有指导作用。国之兴亡，在于民。如果百姓安康，那么在战争的威胁之下，百姓们会更加团结。而那些年年内乱的国家，却终会因为其政治的昏暗，而走向衰落。"仁者无敌"，在今日看来，就是最理想的、不战而胜的治国之方。

2. 王者之政
——先进的治国之道

在《孟子》一书中,不仅有"言必称尧舜"的道德追求,同样有长远宏观的政治追求。在儒家看来,三代的遗风就是"王道"政治的典范。"王道"作为一种理想的政治,不仅仅需要君主由己及人地修养与扩充,更需要一套完善而合理的政治制度。对此,孟子不遗余力地提出了关于"王道"的具体政治主张。这对于儒家的影响极大,通过对于王者之政具体办法的了解,可以让我们更清晰地看到,儒家学说是一个有血有肉的完整生命体系。同样,孟子关于"王道"的具体政治主张,对于我们今天的治国之道也会起到很多的启发作用。

以民为本:关注最重要的群体

在中国人的传统观念中,天、地、人本是一团混沌,就像《庄子·大宗师》所描述的那个最原始的道体一样。后来随着文明的出现,原始先民对宇宙世界产生了新的认识,认为我们生活的这个世界是由天、地所构成的，天的运行和地上发生的一切都是相对应的。天有天德，孕育万物生长、存活，一刻也不停息；地有地德，负载万物，任劳任怨，博大宽容。同样，人类也应该有和天地相应的"德性"。由人类繁衍、生成的现实国家，也应具有天的品德。一个合理的天下，应该是能让人类不断繁衍生息、幸福生活的地方。"天子"是上天赋予他权力、统治天下的人，所以，天子必须具有上天的好生之德。如果天子没有良好的道德品行，不关心百姓的生死存亡，那么，百姓就有权利推翻天子，这叫作"革天命"。作为礼乐文明之奠基的周朝，就是通过推翻腐败淫乱的商王朝，革掉纣王的"天命"而建立的。

正因为有这样的传统观念，自周代起，统治者就非常重视民的力量。《尚书》中有"天视自我民视，天听自我民听"的句子，意思是天所听所看的一切，都是通过人民的视听来体现的，因此，天的喜好

商纣王和妲己观看人们在肉林里进食
肉林是商纣王所创的一种享乐之处，他在宫殿内建立一个挂着不同肉类的地方，就好像一个森林那样，然后和他的宠妃妲己在其间享受

就是人民的喜好。这种对于民的力量的尊重,中国远远早于西方。因此,虽然古代中国是帝王专制的国家,但是,这并不意味着帝王们可以一意孤行。在很多时候,帝王们的行为都受到百姓的监督,中国历朝历代的帝王都很重视百姓对当朝政治的反应。

在《孟子》中,第一次较为全面系统地提出了"以民为本"的政治理念。这种朴素的"以民为本"的政治观念,一方面,影响了古代中国社会的民间监督力量,另一方面,也为今天中国民主社会的建设赋予了丰富的思想源泉。

在《孟子·尽心下》中,孟子曰:

"民为贵,社稷次之,君为轻。"

社稷指的是土神和谷神,也就是国家的庇护神。孟子这句话的意思显而易见,老百姓是最重要的,次之是国家的神明,君主在这三者中是最不重要的。接着,孟子继续谈道,能得到黎民百姓的信任,就可以当天子;能得到天子的信任,就可以做诸侯;能得到诸侯的信任,就可以当大夫。如果诸侯危害到了土谷之神,那就改立诸侯。祭祀用的牲畜已经很肥壮了,谷物也很洁净,也是按时进行祭祀的,可是如果还是干旱水涝,那么就可以改立土谷之神。可见战国时期,国家的土谷之神是可以更换的,既然连土谷之神都可以被换掉,那么天子更有可能被换掉。在民、神、天子三者之间,只有民是不可以更换的。《孟子》中的"民"具有非常高的地位,民是一个政权的基础和最大的受益者。《孟子》中的这种民本思想还表现在很多其他的篇章中,经过统计,在《孟子》中,"民"一共出现在14篇中,总计有209次之多。《孟子·梁惠王下》中,孟子对梁惠王谈到了很多关于如何对待民的问题。如:

"臣请为王言乐。今王鼓乐于此,百姓闻王钟鼓之声,管之音,举疾首蹙额而相告曰：'吾王之好鼓乐，夫何使我至于此极也？父子不相见，兄弟妻子离散。'今王田猎于此，百姓闻王车马之音，见羽旄之美，举疾首蹙额而相告曰：'吾王之好田猎，夫何使我至于此极也？父子不相见，兄弟妻子离散。'此无他，不与民同乐也。"

"与民同乐"的主张在《孟子》中多次出现，在《孟子·梁惠王下》中亦有如下对话。

曰："独乐乐，与人乐乐，孰乐？"

曰："不若与人。"

曰："与少乐乐，与众乐乐，孰乐？"

曰："不若与众。"

一个人独自听音乐而感到快乐，和与众人一起欣赏音乐感到快乐，哪个更快乐呢？齐宣王回答说：当然不如与人同乐更快乐了。那么，与一小拨人一起听音乐感到快乐，还是与很多人听音乐感到快乐呢？齐宣王又答道：肯定是与众人更加快乐！

为什么是这个道理呢？作为君王难道不可以独享自己的快乐吗？在《孟子》书中所透露出的观点，是不认同君王独自享乐的。因为"民为贵"，所以君王要能做到"与民同乐"。与民同乐，就是与民共忧、共喜，就是以君王的心去感受百姓的心，只有这样，君王才能知道百姓究竟想过怎样的生活；只有这样，君王才可以实行仁政，治理好国家。

这就是孟子赞赏文王时，所说的"与民同之"。昔日文王有方圆70里的狩猎场，百姓们可以去割草打柴，也可以进去打野兔子，文王与百姓共同享用那片狩猎场，所以百姓们也感到非常幸福。孟子批评了齐宣王独自享乐的行为，最终是为了说明"与民同之"的道理。齐宣王是齐国第五代君王，他喜欢招贤纳才，可是他不是一个体恤民众的人。虽然孟子在齐国逗留的时间最久，可是他对于齐宣王的批评却是从来都没有客气过。他曾对齐宣王说：

"乐民之乐者，民亦乐其乐；忧民之忧者，民亦忧其忧。乐以天下，忧以天下，然而不王者，未之有也。"

其实还是之前所说的"与民同乐"的道理。如果君王可以乐民所乐，忧民所忧，那么这种君王必是以天下之乐为乐，以天下之忧为忧。这样的君王却不能称王天下的，是绝对不可能的。

可是，孟子对于齐宣王的这些教导，没有真正打动齐宣王。也可以说齐宣王自身没有好好地发挥自己的善性；也可以说，在战国那样残酷的历史环境中，"以民为本""与民同乐"的政治理想只能是理想的目标，却难以得到实现。

小知识◎三代故事

夏、商、周三代是中华文明的起源期，夏朝大约可以追溯到公元前2070年左右，传说是由禹的儿子启所建立的中国历史上第一个王朝。夏朝主要活动地区在黄河沿岸，原始先民们选择了依河而居的方式，来发展早期的农耕生活。夏朝大约在公元前1600年左右，被商汤所亡。商朝的建立逐渐由西向东转移，其间经历了几次迁都，盘庚迁至殷，就是今天的河南安阳，那里还保存了大量的殷墟遗迹，因此也称商为"殷商"。商朝最后一个王——纣，荒淫无度，最终断送了商朝的天命，被周朝所取代。周朝由周武王建立，其间经历了大约800年的历史，经历了西周和东周王朝，其版图西至陕西一带，东至山东一脉，比以往两个王朝的疆域扩大

古代战车（模型）
据说战车起源于夏启时期。春秋战国时期，随着战争规模越来越大，战车成为战争的主力，成为衡量一个国家实力的标准

了不少。

商周时期，已经有了比较成熟的文字。现在发掘出的殷墟甲骨文、青铜器的铭文，都是非常珍贵的历史资料，通过它们可以更好地去探究中华民族的起源。夏、商、周时期的圣王贤臣，都受到历代的歌颂和赞扬。在农业上，青铜器的使用，使得农业生产获得了很大的进步。一些现在出土的玉器等，表明夏、商、周时期的手工业已经有很大程度的发展。

◎ 神秘楚乐

"乐"教一直是华夏"礼乐"文明传统中重要的组成部分。《庄子·天下篇》中有"乐以道和"之说，音乐的美妙和谐，

汉代跪姿玉舞人
出土于南越王墓的西耳室。高3.5厘米，青白玉，局部有缺损。舞人提胯扭腰并膝而跪，左手上扬甩袖至脑后，右手将长袖抖至右侧方。舞人刻画得表情专注，体态动作传神，展示了汉代长袖舞曼妙优美的无穷魅力

不仅能平缓人内心五味杂陈的情绪，同样也可以传达一种和平、谐美的生活境遇。中华之乐，源于传统的巫术与原始宗教，乐师们通过鼓乐、舞蹈、吟唱来获得人神的沟通，祈求上天的庇护。在音乐中，各种不同的器乐、音阶，看似杂而不同，却和而为美。

起源于楚地的楚乐不同于发祥于黄河流域的中原音乐，它凝结了更多南方少数民族的文化传统，自战国兴起以来，就形成了极为独特的风格。《淮南子》中记录，楚乐又称"南音"，南音之最盛又以屈原为尊。南音，其调悠扬而婉转，其辞华美而深刻，"九歌"之魂，至今令人感动涕零。

在楚乐中，曲以悠远百转而盛，辞以绚烂用力为佳，而舞则与当地的巫舞融而为一。楚舞姿态柔美，讲求姿态轻盈、身段柔软。汉高祖刘邦的爱妃戚夫人所善舞的"翘袖折腰"之舞，即是楚舞的代表。凌空之长袖，如腾空翩然的仙子，其姿态令人沉醉，因而就有了"翡翠冠高罗袖阔，楚舞吴歌劝郎酌"的赞誉。著名的现代舞团"云门舞集"中，亦有取材于楚舞的艺术元素。

与此同时，楚乐亦柔中带刚，往往带来鼓舞士气、激人奋进的力量。

彩绘车马人物花纹漆奁
湖南长沙黄土岭出土。漆器是楚地的特产，而漆画风格立体，色彩鲜艳，动态丰满，也是楚地的一大珍宝

制民之产：重视最根本的利益

"制民之产"乃王制仁政的核心内容。制民之产其根本在于富民，其结果是达到强国。"富民"与"强国"可以说是一物二体，但是细究它们之间的出发点，还是可以发现二者的差异。"富民"是以民为本，处处考虑百姓，体现的是君王之义；而"强国"则是以国为本。战国时期的国家，其实根本上是一个诸侯或一个家族的私产，以国为本，从根本上来讲，即是以己为本，体现的是君王之利。如果从民与王的关系来看，孟子提到的"与民同乐""民之父母"等思想根本上都是要求对待人民必须仁义为先，而不可只为贪图一己之乐，牺牲人民的幸福。民之父母是孟子对传统思想的一种延续，在"家族—国家"逐层发展的体系下，父母之爱作为根本，可以推己及人，以最为亲密的关系向外延续，最终普及全国，这是仁之端的普遍发展，同样在理论上是由近及远的推演过程，具有普遍性的意义。如何算是"制民之产"，《孟子》中有明确的说明。《孟子·梁惠王上》中云：

"五亩之宅，树之以桑，五十者可以衣帛矣；鸡豚狗彘之畜，无失其时，七十者可以食肉矣；百亩之田，勿夺其时，数口之家可以无饥矣；谨庠序之教，申之以孝悌之义，颁白者不负戴于道路矣。七十者衣帛食肉，黎民不饥不寒，然而不王者，未之有也。"

孟子认为：在5亩见方的宅子里种上桑树，这样可以保证50岁以上的长者都可以穿上丝绵衣服；要饲养鸡狗猪一类的家畜，这样70岁以上的老人就可以有肉可食；百亩的田地，不要错过了农时，那么一家数口就不会挨饿了；搞好学校教育，不断教育年轻人要孝顺父母、敬爱兄长的道理，头发花白的老人就不必肩扛头顶着东西赶路了。所有人都吃得好，穿得暖，做到这样还统治不了国家是不可能的。这样做，就是：

"明君制民之产，必使仰足以事父母，俯足以畜妻子，乐岁终身饱，凶年免于死亡。然后驱而之善，故民之从之也轻。"

一个圣明的君主，懂得使百姓过上好的生活，对上可以抚养父母，对下可以养活妻子儿女。收成好的年份，过得很轻松无忧；收成不好的年份，也不至于被饿死。之后，他们便主动地趋向于善，从而得到良好的治理。从反面来说，"无恒产者无恒心"。如果不能保障百姓的基本生活，就会造成社会的不安定。

《孟子》书中如此强调"仁政"的实施必须依靠"制民之产"，可以看出，孟子的学说中，对于民有着非常深的爱心与同情心，并且对于他所设计的"王道仁政"，也有着强烈的信心。

选贤与能：发掘最有价值的资本

儒家为中国古代社会奠定了血亲的差等之爱，讲究"亲亲"，就是每个人都要最先去爱自己的亲人，之后才能推扩到爱别人。这种"亲亲"的秩序，主要适用于人们的日常生活，是每个人待人接物的原则之一。与此同时，儒家同样强调另一种原则，那就是"尊尊"。"尊尊"指的是要尊重值得尊重的人，最根本的意思指的是在政治生活中，要懂得上下之分，要尊上。"亲亲尊尊"是自西周起所确立的基本的礼制。到了春秋后期，儒学兴起，儒生们逐渐地融入到社会政治生活之中，于是，在"亲亲尊尊"之外，出现了新的准则——"贤贤"。"贤贤"就是要尊重、贤爱有贤能的人，主要是针对君王选拔人才而言的。以往的封爵都是通过血亲的方式来进行，但随着历史的发展，封爵赐

百里奚饲牛拜相
百里奚是秦穆公称霸西戎、战胜晋国的重要谋臣。他出身贫寒，但勤奋学习，又有才干，练就了一身胆识和本事。他到过许多国家，都不受重用，最后秦穆公用5张羊皮将他从楚国换来，任命为宰相，成就了大业。《孟子》对此事有记述

赏开始逐渐依据军功进行。再进一步发展，就是"选贤与能"，人才的选拔不再局限在某个阶层内，而是更加开放——从民间选举。

在《孟子》中，这种观念进一步加深，《孟子·告子下》中，孟子曰：

"舜发于畎亩之中，傅说举于版筑之间，胶鬲举于鱼盐之中，管夷吾举于士，孙叔敖举于海，百里奚举于市。"

舜是上古的明君，但他是从田间劳动中成长起来的；傅说，根据记载，是殷国时的圣人，他是从筑墙的工作中被提举出来的；胶鬲也是商纣时的名臣，他是从鱼盐买卖中被提举出来的；管夷吾就是管仲，是春秋时期最著名的政治人物之一，他也不过是出身牢狱，是从狱官

手中释放出来的；孙叔敖是楚国名臣，曾被写进《史记》中，他也是从海边被提举出来的；百里奚是秦穆公时的贤臣，他的出身也不过是市场上的小贩而已。

《孟子》中通过列举鲜活的事例，来证明"贤贤"的理念，不仅在选拔人才上，要"选贤与能"，在人才的任用上，也强调"贤贤"的重要性。

在《孟子·告子下》中，孟子曰：

"虞不用百里奚而亡，秦穆公用之而霸。不用贤则亡，削何可得与？"

孟子说虞不用贤臣百里奚，终遭覆灭；而秦穆公以5张羊皮将百里奚赎到秦国，尊重百里奚之贤，使得秦国强大。所以孟子得出结论：不用贤人的国家，终会灭亡。可见在人才的选拔和运用上，儒家非常强调对贤人的尊重。《孟子》中还有"尊贤育才，以彰有德""不信仁贤，则国空虚"的论断，强调对"贤贤"的重视，认为作为一个贤臣或圣君，应该秉承"尊尊""贤贤"的态度对待臣下，在君臣之间才能够建立平等与互信的关系，只有这样国家才能稳定、昌盛。在《孟子·离娄下》中孟子告齐宣王曰："君之视臣如手足，则臣视君如腹心；君之视臣如犬马，则臣视君如国人；君之视臣如土芥，则臣视君如寇仇。"

这一段著名的论说，充分体现了儒家思想中君臣关系的平等性。若君王视臣下为自己的手脚一般，那么臣下对待君王就会像对待腹心一般忠诚不二；如果君王当臣下像犬马一样，只知加以利用，那么臣下对待君王也就像对待一般人那般毫无诚心；如果君王把臣下看得像泥土草芥一般低贱，那么臣下眼中的君王也不过就是仇敌而已。

这种比喻，形象地刻画出了一种全新的君臣关系。我们曾误解的那种战战兢兢、俯首称臣的大臣模样，绝对不是儒家所强调的君臣之道。在儒家看来，君臣之间应该平等相待、互相尊重。在宋代，就经常有儒者公开地批评皇帝的过失，但是其行为举止都是在互相尊重的前提下进行的。在今天的社会中，上下级关系如何实现平等，在《孟子》的这段话中便可以总结出道理。上下级之间不过是社会分工不同而已，每个人在人格上都是平等的，因而必须做到互相尊重。上级可以批评下级，下级对上级也可以提意见，大家彼此真诚相待、开诚布公，才是最好的相处之道，亦是"贤贤"之道在现代生活中的体现。

王霸之辨：确立最正当的理想

既然《孟子》书中如此强调"王道仁政"，那么就不可避免地会与当时战国所流行的"霸道"思想做一番较量。在孟子看来，"春秋五霸"和"战国七雄"这些强大的君王，虽然在权力争夺中取得了辉煌的业绩，但是却没有行正义之道，没有体恤到老百姓的疾苦。

《孟子·尽心下》中说：

"《春秋》无义战。彼善于此，则有之矣。征者上伐下也，敌国不相征也。"

孟子认为，《春秋》记载的所有战争都不是正义的战争。所谓"征"，是指上讨伐下，同等级的国家之间是不能够相互讨伐的。因而，这些诸侯国之间的征伐，便谈不上谁比谁更正义了。

《孟子》一书中，不仅强调一个仁人君主应该实行"仁政"，同样也强调，即便是战争，也应该具有合法性。而对这个合法性的判断，是从"礼"出发的。孟子认为，两个诸侯国之间，是不可以相互讨伐的，因为这二者的地位是平等的,在各自的权力范围内是自治的。而在外交关系中,他们都是周天子统治下的臣民,彼此争斗,是有违于礼法的,是不义的。

《孟子·告子下》中又说:

"五霸者,三王之罪人也;今之诸侯,五霸之罪人也;今之大夫,今之诸侯之罪人也。"

什么意思呢?就是说春秋时的五霸,对于三代之王而言,是有罪之人;今天的诸侯,对于春秋时的五霸,也是罪人;今天的士大夫,对于今天的诸侯而言,也是罪人。这是为什么呢?随后,孟子就开始进行阐述:

天子到诸侯的封地,叫巡狩;诸侯去拜见天子,叫述职。天子巡狩,春天视察耕种情况,补助种子、劳力不足的农户;秋天视察收获情况,救济缺粮农户。进入某个诸侯国,如果那里土地开垦得很多,田野治理得好,老人得到赡养,贤人受到尊敬,有才能的人在位做官,就拿土地奖赏诸侯。进入某个诸侯国,如果那里的土地荒芜,老人被遗弃,贤者不被任用,贪官污吏在位,就责罚诸侯。一次不朝见天子,便降他的爵位;两次不朝见天子,就削减他的封地;三次还不朝见天子,就派军队讨伐他。所以,天子对于有罪的诸侯,只是发布命令声讨他的罪行,而不亲自征伐;诸侯是奉天子之命去征伐而不声讨,五霸却是胁迫诸侯去讨伐别的诸侯,破坏了三王所定的规矩,所以说五霸是三王的罪人。

之后,孟子又详细地分析了五霸中齐桓公的葵丘会盟,具体地解释了会盟时所订的5条盟约:第一,诛责不孝之人,不得废太子,不得立妾为妻;第二,要尊贤贵长,教育人才,表彰有德之人;第三,要敬老爱幼,礼让宾客;第四,士人的官衔不得世袭,不得兼任职务,不能独断地杀戮大夫；第五，不要四处筑堤，阻塞水路，不能禁止邻国来采购粮食，不能有所封赏而不报于盟主。可是今天的诸侯全部违反了这5条盟约，所以说现在的诸侯是五霸的罪人。今天的大夫，在君王有恶行时，非但不阻止，还加以逢迎，这个罪行更大。同时，更低一等级的大夫也都逢迎君王的过错，所以说，现在的大夫是现在诸侯的罪人。

在孟子看来，当时上至诸侯，下至大夫，都为了所谓"强权"力量苟且行事，虽然满口仁义，实际上却是背仁义而行事。所以《孟子·离娄下》中，孟子评价舜：

"由仁义行，非行仁义也。"

"由仁义行"就是顺着仁义这条道路行事，其实就是从心所为，由内在的追求而做仁义之事，可谓表里如一。但是，"行仁义"是刻意地去做仁义之事，是表里不一的。如同桓公所立的盟约，虽看似都合于"仁义"，实际上却是为了实现自己的"霸道"，这种霸道就是历史的罪行，而当时的大夫，竟然连"行仁义"这种表面工作都不愿意做，怎能不受到孟子的强烈批判？

《孟子》中的"王霸之辨"立场鲜明，就是要用"王道"来改造"霸道"。因为，同"霸道"比起来，"王道"才是真正的善待百姓之道。《孟子·公孙丑上》曰："以力假仁者霸，霸必有大国；以德行仁者王，王不待大——汤以七十里，文王以百里。以力服人者，非心服也，力不赡也；以德服人者，中心悦而诚服也，如七十子之服孔子也。"

上文揭穿了那些为了成就霸业而假借"仁义"者的虚伪面具。"王不待大"是儒家"王道"思想的核心，"以德服人"是儒家对圣君行"王道"的最高评价。在孟子看来，汤"七十里而王"，文王"百里而王"，都是因为众人心服。"王道"不是大国才能施行，即便是小国，如果能施行"王道",也能实现仁义之治。这样的政治理念,在激烈争斗的历史条件下,显然并不符合那些急于称霸的君王的胃口。例如,梁惠王虽请来了孟子,却没有听从孟子的劝导,而是执意发动战争。但是,这种"王道"思想对于大一统的国家来说,却具有积极的意义,这或许就是孟子思想中的理想。儒家学者们正是因为在任何困难绝境之中,都没有放弃过希望,才能使儒家学说有如此强大的力量。

反观我们的现代生活,国际间总有局部的战争发生,而这其中多数的战争都有着"霸道"的因素在其中。王道是一种更关注可持续、和平发展的政治之路。一个和平、共荣的国际环境才可能促进各个国家的共同发展。由仁心出,有仁政,因而必有王道之兴;由私利出,有攻伐,则难免有霸道之损。这是几千年前的儒家就告诉世人的警世良言。对于今天,依然意义重大。

小知识◎昏君亡国

在中国历史上,记录了不少圣君的传奇故事,但是,同样也记录了不少昏君亡国的故事。古人希望以那些生动的例子,来警示后人,一定要自觉自律,才能实现自己的理想与抱负。如果一味沉溺于自己的欲望之中,小则亡身,大则亡国。

在夏商周三代,一方面有禹、武丁、文王这样的圣君,另一方面也有桀、纣、厉王、幽王这样的昏君。虽是在中华文化的孕育期,政治上却已经总结出了"以德配天"的政治神学论。统治者认识到,上天是否会给予人间政权庇佑,还是要看君王是否有德行。这也是为什么在华夏文明中,没有

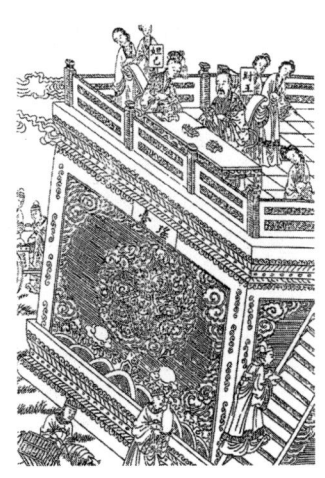

商纣王因酒色而亡国
出自清代孙家鼐等编撰的《钦定书经图书》，清光绪年间印行。商纣王，本被称为"帝辛"，是一个非常有军事才能、统治才华的君王。他统治早期，商朝一度达到鼎盛。但他在位晚期，骄奢成性，陷入了欲望的旋涡中，国家政治凋敝，臣民不堪其辱，最终商朝灭亡，自焚于鹿台。于是，后世便称其"纣王"。一个君王，却有两个称号的，在中国历史上也算是特例了

产生出类似于西方的宗教传统的原因——先民们很早就从原始宗教的崇拜中解放出来，认识到了人的理性的力量非常强大，因而不完全把天看成具有人格意志的至上神。所以，周王打败商朝时，才会有天命所归的意义。可惜，三代时的昏君们，却无此觉悟，总觉得天命会一直保佑自己，所以肆意妄为、不加节制。最终，夏王桀、商王纣、周厉王、周幽王，因自己败坏的道德，将国家推向了灭亡，也将自己推向了命运最残酷的审判。

小知识◎管仲之辩

毋庸置疑，孟子所提倡的理想政治是"王道"，也就是统治者以仁心施仁政，强调民本，反对强权。但是，孟子的

时代,能行王道的君王却少之又少,因此,孟子的游说也时时碰壁。

与孟子推行王道不同的,则是推行霸道之说的人。自春秋以来,霸道的代表人物就是"九合诸侯"的管仲。管仲,名夷吾,世称"春秋第一相"。管仲虽然出身贫寒,却谋略过人。他早年迫于生计于市井营商,结识鲍叔牙,二人分别辅佐齐国的两位公子——公子纠与公子白。在历经颇多艰辛后,公子白立为齐桓公,他摒除宿怨,重用管仲以成就霸业。而管仲也的确以高超的政治谋略帮助齐桓公称霸诸侯。

首辅霸业的名臣管仲
出自清末《历代名臣像解》。管仲是春秋时期齐国的政治家和军事家,辅佐齐桓公首先称霸诸侯。他的主要思想大都体现在《管子》一书中,该书内容十分丰富,可以看出他在政治、经济、哲学等方面都有着杰出的认识,许多思想于今仍然有着很深的教益。

鲍叔牙曾赞誉管仲"宽以从政,惠以爱民;治理江山,权术安稳;取信于民,深得民心;制订礼仪,风化天下;整治军队,勇敢善战"。

但是,在传统儒家看来,管仲只是有功于天下,并不能称得上是至德之人。孔子在《论语》中,就曾经讥讽管仲"器小""不知礼"。

到孟子的年代,王道不兴,霸道横行,孟子重新评价了管仲。他赞扬管仲虽然出身贫寒,却能得到齐王的重用,发挥贤相之功。与此同时,当有人问孟子,如果他有机会亲政,会不会比管仲做得更好时,孟子却很激动地反驳了这个问题。在他看来,虽然管仲可以助成霸业,却无法做到以道德润泽天下,最终齐国还是由盛而衰,未能将霸业持久。而真正的君子,则应是成就王道之人。

四 尽心知性
——《孟子》给我们的人生智慧

《孟子·尽心上》中说:"尽其心者,知其性也;知其性者,则知天矣。"由"尽心"而"知性",再到"知天",这就是孟子对如何认识自己的回答。只要人人可以"尽其心",通过自己内心的自我觉解和觉悟,最终都可以达到"人皆可以为尧舜"的境界。

1. 义利之辨

中国的先哲们，始终在不断地探索人如何认识自己这个问题。道家的老子提倡人之根本就在于"自然"二字，其承继者庄子则以逍遥之态来看人之根本。可是，终究显得消极悲观。佛家让人看清生老病死，识得世间本无常，无常也是无，劝人向善，最终是让人通过修行与行善，脱离苦海，达到涅槃寂静，而至西方极乐世界。在中国几千年的学术文化中，只有儒家主张入世有所担当。儒家明白尘世之变幻，也知晓自然无为之妙用，可是儒家还是保持积极向上的心态。正因如此，中华民族才能在经历了那么多的磨难后，依旧屹立在这片古老的东方沃土之上。

《孟子》继承了儒家的这种积极乐观的精神，引导了人们的行为，同时，也为要成为怎样的人指明方向，那就是只要人人可以"尽其心"，最终都可以达到"人皆可以为尧舜"的境界。虽然人人都可能成为圣人，但是，通达圣人之路是充满了各种诱惑与困难的。人必须在自己的每一个行为、每一个思虑中，时刻保持警惕，选择一条正确的路。

《孟子》开篇第一章讲述孟子去大梁见梁惠王时的情景。

梁惠王,又称魏惠王,是魏武侯之子。因为将都城从安邑迁到了大梁,所以在《孟子》一书中又称为梁惠王。战国时期,诸侯争霸,中原烽火延绵,战争不断。梁惠王曾经因为击退过秦孝公,自恃甚高,有很大的政治野心,可是梁惠王的政绩却不尽如人意。《史记·魏世家》中记载:"惠王数败于军旅,卑礼厚币以招贤者。邹衍、淳于髡、孟轲皆至梁。"孟子继承了孔子的"仁道"思想,去各地游说,传播"仁政"思想。他去见梁惠王,就是要游说梁惠王施"仁政",兴"王道"。可是,刚一见到梁惠王,孟子就被问及"利"的问题,他毫不客气地批评了梁惠王"张口曰利"的行为。他以儒者的智慧和担当,向梁惠王讲了国君应以"义"为先,才能使百姓信服。这也就是后来的宋代大儒朱熹所提到的"义利之说,乃儒者第一要义"。

其实,早在孔子时期,就已经有了关于"义""利"的讨论。《论语·里仁》中说:"君子喻于义,小人喻于利。"就是对于"义利之辨"最经典的表述。孔子认为,君子之所以被称为君子,是因为他做事情都是从"义"出发,心怀天下之大道;可是小人恰恰相反,他们做事情的时候,只是从眼前的利益出发,以"利"为目的。孔子非常看重君子的社会责任和担当,明确地提出了"义"是君子的社会责任。君子如何才能真正地行"义"呢?那就是要"惠民",也就是要为小人谋利,为小人创造现实的物质财富。因为,对于小人而言,孔子认为应该通过"庶、富、教"的途径,来改良小人的思想观念,培养小人的道德情操。

孟子的时代,社会非常动乱,各国霸政肆行,"率兽而食人"的现象屡见不鲜。针对当时社会"唯利是图"的风气,孟子重新诠释了"义"与"利"之间的关系,并最终形成了"义利之辨"。《孟子》中仅一个"义"

字就出现了108次，除去"道理""含义"的意义之外，指向"仁义""义利之辨"的"义"有98次。孟子认为："仁义礼智"是"人之为人"的根本，"义"作为一种德性已经成为"人性"的内容之一。"义"是"羞恶之心"，是人性所本有之心；"义"又是"我固有之"，绝非外力施与的。那么，什么是"羞恶"呢？清代学者顾炎武认为，"羞恶"就是对自己或别人违背礼义的无耻德性感到羞耻厌恶。人的羞恶感是先天性的，它不仅是人之所以为人的根本，而且影响着人后天的成长。正因为人有羞恶之心，所以才能用道德来约束人的行为。如果能好好培养这种道德感，就像培养一颗种子那样，最终，种子会长成参天大树，而人也会把道德之心培养成孟子所说的"浩然之气"。《孟子·公孙丑上》中就说道，"浩然之气"是"配义与道"的精神境界，是一个人人格完美的最高体现。

君子不仅要有道德之心，精心地培育"义"，在行为上，更要做到符合"礼义"。孟子与孔子思想一脉相承，认为"君子之义"的根本在于"惠民""爱民""利民"。同时认为，如果不是君王，即便是一般的百姓，也要在做事情的时候遵守"义"的原则，尤其是在"义利冲突"时，一定不能被眼前的蝇头小利所迷惑，而丧失了人的尊严与道义。《孟子·尽心上》中，孟子赞扬仲子："以兄之禄为不义之禄而不食也，以兄之室为不义之室而不居也。"仲子的气节是多么的高尚！虽然仲子生活贫寒，但却没有丧失掉自己的人格，所以孟子大赞他"士穷不失义"的大丈夫之气节，认为这才是君子的选择。这种"富贵不能淫，贫贱不能移，威武不能屈"的精神，是孟子认为的最理想的人格，也应该是我们今天这个浮躁的社会之中，人们在面对"利"的诱惑时，所应具有的一种道德境界。

孟子在世的时候，由社会地位而决定的"君子"已经转换为一种道德意义上的君子，其根源就在于君子应该有"喻于义"的内在品性。"义利之辨"的意思是：如果一个人想在社会中成就自己，首先是要承担起所应承担的社会责任，践行自己的道德理想。人如果不能权衡"义利"的轻重，最终会陷落在"利诱"的花花世界中，就好像陷落在看似美丽、实则虚幻的万花筒之中，终日寻寻觅觅、庸庸碌碌，浪费一生的心血，却只为了那些毫无品质的追求。在垂暮之年，回顾自己的一生，才发现自己在"利"的面前，丢掉了那么多曾有过的理想、抱负、志气，丧失了如此多的人格与尊严，这该是多么让人懊恼的事情。只有理解孟子所提出的"义利之辨"，并一直警醒自己，才有可能最终达到"浩然之气"的崇高境界，成就完满的一生。

2. 不动其心

佛教禅宗里有一个关于六祖慧能的小故事：有一天，慧能在寺中看到有两个和尚正在为随风而动的幡争论不已。一个和尚说，那是风动；另一个和尚说，那是幡动。二人正争得面红耳赤之际，慧能对他们说，既非风动，也非幡动，而是你们"心动"了。佛教禅宗里的"心动"，是要说明万法皆空，一切不过心之所造而已。

《孟子》中也有关于"心动"的讨论，其旨虽与禅宗里所说的"心动"大相径庭，但是也很有意味。《孟子·公孙丑上》中，记录了这样一段讨论。

公孙丑问曰："夫子加齐之卿相，得行道焉，虽由此霸王不异矣。如此，则动心否乎？"

孟子曰："否。我四十不动心。"

曰："若是，则夫子过孟贲远矣。"

曰："是不难，告子先我不动心。"

公孙丑是孟子的弟子，当时孟子在齐国，公孙丑便问老师："如果您做了齐国的卿相，能够实行您的主张，小则可以称霸诸侯，大则实现王道，这也没有什么奇怪的。如果是这样的话，您是不是会动心呢？"

孟子说："不会的，我四十岁以后就不再动心了。"公孙丑说："那老师比勇士孟贲强多了。"孟子却说："这个不难，告子在我之前就做到不动心了。"公孙丑自然无法理解，什么是不动心？怎样才能不动心？于是便有了以下的对话：

曰："不动心有道乎？"

曰："有。北宫黝之养勇也。"

北宫黝是齐人，勇猛之士。他培养勇气的方法是：皮肤被刺伤时，不颤动，眼睛被戳时，也不躲闪。可是，如果他受到了一点点他人的辱骂，就好像在大庭广众之下被人鞭笞了一般，既不能容忍平民百姓的侮辱，也不能容忍大国君王的侮辱。他可以把刺杀大国君王视为刺杀一般的贫民。在他眼中，不惧怕任何诸侯，如果被辱骂了，就一定会反击。另外一个人，叫孟施舍，也是一名勇士。他培养勇气的方法是：在面对不可能战胜的敌人时，也能有勇气去面对。孟施舍说："如果要先估量敌人的力量才前进，考虑能够取胜才交战，这就是畏惧强大的敌人。这样怎么可能取胜呢？所以应该无所畏惧才行。"

在孟子看来，这两人都是勇士，但是却属于不同的类型。孟施舍就像曾子，而北宫黝则像子夏。两人的勇气不知道谁的更强一些，但是孟施舍的勇气似乎更得要领。曾经，曾子对子襄说："你好勇吗？我曾听夫子讲过大勇的道理：'反省自己，如果觉得理亏，即便对方是普通百姓，也不去恐吓他。反省自己，如果觉得理直，纵然面对千万人，我也能勇往直前。'"看来，孟施舍的勇气比起曾子来，还是略逊一筹的。

孟子是想说"心"的问题，可为什么会说"勇"呢？公孙丑感到迷惑，于是问："您的不动心和告子的不动心，可以讲给我听听吗？"孟子解释说："告子认为：'言论上有所不通，心里不必去寻求道理；心里有所不安，不必求助于意气。'心里有所不安，不必求助于意气，这是可以的；言论上有所不通，心里不必去寻求道理，这不可以。心志是意气的主帅，意气是充满体内的。心志关注到哪里，意气就停留到哪里。所以说：'要把握住心志，不要妄动意气。'"志，是气的统帅；气，是充实于人周身的。志，是一个人最高的境界；气，是次一等的境界。所以说，要保持住"志"的坚定，而不要滥用自己的意气。

孟子说的养"气"，主要是一种培养"勇"的方法，是要把内在的"正义"与外在的困难结合起来，才能培养出真正的"勇"。孟子说养"心"，主要因为心是五官的统帅，"心"必须与外界的环境接触，所以，心肯定会时不时地被外界环境所影响。孟子认为，君子追求自己的人生境界，那就是"志气"。因为只有"志"坚定了，"气"才能充塞于全身，才能使得"心"不为外界所动。

孟子说："不动心"是"养气"的充分且必要条件，因为君子有"志"，所以才能统帅他们的"意气"；因为君子可以"不动心"，所以才能更好地发挥自己的"意气"。心、气、志之间是相互联系的，构成一个整体。

如果说"不动心"听上去很难理解，那么我们从切身的经验上去体会，便会明白。因为外部环境的诱惑，我们容易迷失自己，会丧失自己的志气，人云亦云。现代心理学就强调人心灵的独立和稳定。孟子的"不动心"不仅仅是养生之法，更是"养志"之道，它有利于我们在选择自己人生道路时，坚定自己的志向，从而做到"不动心"，这样才是培养"浩然之气"的最好途径。

3. 反身而诚

在《论语》中,曾子说过,"吾日三省吾身"。就是说曾子每天都要反思自己,看看自己一天所做的事情是否符合一个君子的所作所为,非常谨慎。这种不断地反思自己的行为,是儒家所提倡的。在同一个历史时期,古希腊的苏格拉底也说过"未经审视的生活是不值得过的"。看样子,在轴心时代,先哲们就为我们人类将来的发展指明了航向。轴心时代是著名哲学家雅斯贝尔斯的理论,他认为公元前800～前200年之间,尤其是公元前600～前300年间,世界上形成了四大文明古国:古希腊、以色列、古印度、中国。各个文明都出现了伟大的精神导师——古希腊有苏格拉底、柏拉图、亚里士多德,以色列有犹太教的先知们,古印度有释迦牟尼,中国有孔子、老子……形成于轴心时代的文明,其核心思想,都是要反思人自己的人生,这是人类理性的一种特有的表现形式。除了人,其他生物是不能进行自我反省的。

更重要的是,这种反省自己的生活方式,其目的在于使人更道德地活着。苏格拉底曾经说过"美德即知识"。苏格拉底将好的德性看作是人类最大的收获。虽然中国的先哲们也强调美德的重要性,但是与西方带有浓厚认识论色彩的德性说不同，中国人更讲究"人情味"，所以曾子提出的"三省吾身"中，所省之处不仅仅指仁义道德，更指待人接物中的真实情感。例如，他说："为人谋而不忠乎？与朋友交而不信乎？传不习乎？"意思是说，在给别人办事的时候是不是尽心尽力了？和朋友交往的时候是不是信守承诺了？对老师传授的知识和道理有没有去温习？曾子的反思是比较具体的，是落到实处的。我们每个人不可能每天不停地问自己：我是个道德的人吗？所谓道德，是要在实际的生活中表现出来的：你有没有对公司有所欺骗？有没有在工作中偷懒？有没有欺骗朋友的感情？有没有严格地督促自己不断进步？……这一切，都是比较具体的反省方法。可以说，儒家给了我们一种既理性，又富于情感的自我审视法。

这种对自身的反思，在《孟子·尽心上》中也有提到。

孟子曰："万物皆备于我矣。反身而诚，乐莫大焉。强恕而行，求仁莫近焉。"

杨伯峻解释这段话，认为："一切我都具备了。反躬自问，自己是忠诚踏实的，便是最大的快乐。不懈地以推己及人的恕道去做，达到仁德的道路没有比这更直捷的了。"为什么呢？因为天地万物归根结底，都不过是一个"诚"字。而我反省自身，发现自己也是一个诚实的人。这样我就能融入到这天地之中，感到最大的快乐了。我以"诚"去待人接物，没有什么比这样到达"仁"更快的方法了。

为什么说天地万物归根结底就是个"诚"字呢？这就是儒学的神妙之处。道家讲天地万物不过是"道"的化身，"道"是千千万万事物的根本。但是，我们看不到"道"，也无法知道"道"究竟是怎样存在着的。在儒家看来，宇宙万物都有它们的根本。那究竟是什么产生天地万物的呢？用一个"道"形容，实在是太玄妙了，儒家看重的是切身可以体会到的东西。儒家认为天地万物是"天"产生的。孔子感慨"天何言哉",认为天在云卷云舒中,看着人间的沧海桑田。天在不停地孕育着一切,天之大德就是一种"诚"的表现。它从不欺骗人类和其他生灵。在古代中国,"诚"不仅仅是指不欺骗他人,其根本是"不自欺",是一种天之德的表现。如果天非要欺骗自己,停止孕育一切,那我们只好等待世界末日的降临;如果人非要欺骗自己,那就是要放弃做人的准则,将会变得非常空虚。

在孟子看来,"反身"就是反省自身;"反身而诚",就是对自己最全面的反思。若人反省自己的时候,发现自己从不欺骗他人,也不自欺,他就做到了"诚",他便具有天的德行,怎能不感到愉悦快乐呢?

人只有在"反身而诚"时,才会有愉悦感。《孟子·尽心上》中又说"君子有三乐":

"孟子曰:'君子有三乐,而王天下不与存焉。父母俱存,兄弟无故,一乐也。仰不愧于天,俯不怍于人,二乐也。得天下英才而教育之,三乐也。君子有三乐,而王天下不与存焉。'"

孟子在这里提到的"君子三乐"并不包括助君王统治天下。真正的君子三乐中,第一乐是指父母的长寿,兄弟的健康;第二乐是指无愧于天地,亦无愧于人的品行;第三乐是指能够得到天下的英才并教育他们。细品这三乐,便会发现儒家怡然自得与修身养性的思想。儒生们之所以要平治天下,是因为天下处于混乱之中,因为要对天下负责,所以要治天下。但是,对于儒者而言,实现自己做人的"诚",才是真正的快乐。和睦安康的家庭、无愧于心的良知、志同道合的论道,才是儒家的乐。

4. 浩然之气

儒家提倡做一个真正快乐、内心坦荡的人。但是,人生来就不可能只是平淡地在这个世界上饮食起居。人生在世,会生活在各种各样的环境中,其中有顺境,亦有逆境。当面对艰难的环境的时候,人为何还要做到坦然面对,怡然自得呢?儒学自其诞生之时起,就不断地陷入这样的困境:或者是传播其道时,遇到各种各样的难题;或者是困于乱世时,自身的窘迫与潦倒。但是,儒者自得其乐的本色却从没有因为环境的恶劣而褪去。正如孔子最赞赏的弟子颜回那样:"一箪食,一瓢饮,在陋巷。人不堪其忧,回也不改其乐。贤哉,回也!"即便是在如此贫寒落魄的情况之下,颜回也没有丧失掉做人的快乐,其根本就在于他的心中有信念。

孟子遭乱世,甚于孔子。几百年的动荡,已经使人们变得急躁不堪、唯利是图,儒生们开始不断地被困于穷途之中。孔子曾说过"君子固穷",就是指君子能够在穷困的窘境中守住自己的德性。孟子在世的时候,已经不再单纯是"固穷"这么简单了,君子必须在面对"穷"的困境时,找到出路。《孟子·尽心上》中,孟子曰:

"尊德乐义,则可以嚣嚣矣。故士穷不失义,达不离道。穷不失义,故士得己焉;达不离道,故民不失望焉。古之人,得志,泽加于民;不得志,修身见于世。穷则独善其身,达则兼善天下。"

嚣嚣,是说可以自得而无欲的模样。这段话的意思是说:君子只要能够尊德性,乐仁义,就可以获得内心的安然自得。所以,即便君子遭遇穷困之境,只要不失掉仁义之性,就不会离开仁道。即便是陷入困境也不失仁义,君子就可以成就自己的人生;所为不离开仁道,百姓就不会感到失望。从前的圣人,志得意满时,就恩泽于百姓;落魄之时,就修炼自己的德性。所以说,君子穷困时,应先修身养性;顺境时,就要恩泽天下。

这样,孟子就为在困境中的君子指明了方向。可是,如何才能修炼自己的德性呢?在《孟子》一书中,对于君子的自养其身有非常周全的分析。养身,最重要的莫过于身心的健康。"心"的涵养,在于"尽心";"身"的涵养,则在于"立志"。

《孟子·尽心上》中,孟子曰:"尽其心者,知其性也。知其性,则知天矣。存其心,养其性,所以事天也。夭寿不贰,修身以俟之,所以立命也。"

尽其心,就是要发挥自己的本性到极致,充分地彰显自己的本性。尽其心之后,才可以真正地了解自己的本性,也就是认识自己。认识了自己之后,才可能认识天。所以,要保护好自己的本性,养护好自己的本性,再来与天沟通。这样就可以获得人的正命。无论短命还是长寿都一心一意地修身以等待天命,修身正是靠此,这就是安身立命的方法。

当然,君子要达到养身之道,光"尽心知性"还远远不够,君子还要"立志"。"立志"先要临危难而不惧,陷入困难而不慑。《孟子·告子下》中，孟子曰：

"故天将降大任于是人也，必先苦其心志，劳其筋骨，饿其体肤，空乏其身，行拂乱其所为，所以动心忍性，曾益其所不能。人恒过，然后能改；困于心，衡于虑，而后作；征于色，发于声，而后喻。入则无法家拂士，出则无敌国外患者，国恒亡。然后知生于忧患而死于安乐也。"

这段熟悉的话，道明了人若想成大事，必先遭受各种磨难，心志、筋骨、体肤都要受到考验。如果在这样的困境中，还可以坚持、坚持、再坚持，才能使他的性情坚韧，使他的能力得到提高。小到一个人，大到一个国家，都必须经历这样的磨难，才可以最终获得安乐。儒家的忧患意识在这里无非是要告诉人们一个道理：所谓"立志"从不是凭空产生的小念头、小情绪，而是经过了生命的洗礼和岁月的磨难所形成的"志气"。我们所熟悉的很多名人传记和奋斗史中，都不乏儒家所谈的这种"立志"过程。所以，每个人只要能够坚持，最后都会从迷茫中走出来，找到自己的志向。

从"尽心"到"立志"，其根本达到的人生境界在于充塞天地的浩然之气。孟子在《孟子·公孙丑上》中说自己"善养浩然之气"，他的弟子不明白，问："什么是浩然之气呢？"孟子回答道：

"难言也。其为气也，至大至刚，以直养而无害，则塞于天地之间。其为气也，配义与道；无是，馁也。是集义所生者，非义袭而取之也。行有不慊于心，则馁矣。"

这还真有点只可意会不可言传的意味。浩然之气，简单地说，是一种气，它是最广大、最刚强的，必须要用正直之心去养护它，不能有任何邪念来加害它。这样，它就可以充满天地之间。作为气，是与义和道相配的。如果没有义和道，就会泄气。所以，浩然之气，是集合全部的正义而产生的，而非一次偶然的正义就能酝酿成的。如果做了一件有愧的事情，就会气馁。可见，浩然之气的涵养，是非常困难，同时也是非常艰巨的。

养成浩然之气的人，在孟子看来就是顶天立地的大丈夫。《孟子·滕文公下》中说大丈夫者：

"居天下之广居，立天下之正位，行天下之大道。得志与民由之，不得志独行其道。富贵不能淫，贫贱不能移，威武不能屈。"

居天下之广居，不是说他住着几百平方米的大房子，而是说他能够在天地间找到自己安身立命之所。立天下之正位，也不是说他做官要做到多么显赫，而是说因为他行得正，而处于天下的正位。行天下之大道，就是行仁义之道。如果得志，就与百姓同乐；如果不得志，也可以实现自己为人的志向。面对富贵，不会荒淫无度；面对贫贱，也不会堕落哀怨；面对威武，更不会卑躬屈膝。这就是大丈夫的形象，是顶天立地的正人君子。

《孟子》中的养身之道，不同于当时自然哲学家的思想——只求"养生"。无病无痛、健康长寿，自然是人之所欲。但是，作为一个人，他在认识到自己的与众不同后，必然要求人生上的圆满。生命的实现，不光是生存，更重要的是实现它的价值。《孟子》中的告诫，使人懂得从内到外，从心到行，都坚持着发挥自己的本性，不偏不倚、不慌不乱，立其大志，养浩然之气，最终达到大丈夫的精神境界。

小知识◎人性的万花筒

人性到底是什么？千百年来，一直是人类所孜孜不倦追问的问题。几乎在任何一种文明中，我们都能找到一种对人性的解答，对"人究竟是什么"的回答。有说人是"两足、无毛、直立动物"的，也有说"人是社会的产物"的，也有人说"人天生就是有罪的"，还有人说"人是世界上最聪慧的存在"……总之，花样百出的答案，让我们目不暇接。可是，对于这个问题，依旧没有人能给出唯一确切的答案。认识自己，往往比认识别人更难，我们如何才能真正认识自己的本性呢？或许，答案本身并不是最重要的，最重要的是，我们在寻找的途中，不断地发现自己、认识自己、纠正自己、超越自己。今天的自己，可能是昨天的自己的延续，更是明天的自己的准备。所以，要做好一个人，首先要珍视自我认识的过程。其实，这个过程也很复杂，或许不同的人生际遇、知识背景、教育环境，会造成我们对于"人"不同的答案，我们可以看看那些深刻反思了"人性"的书籍和电影，它们的答案是什么。或许，会对于我们认识自身有所帮助。

结语

在今天重温古老的智慧

时过境迁,今天我们生活在全球化的现代社会中,再不会有人去"钦定"经典了,我们处在一个更为宽容、开明、自由的世界。在这个现代化的环境中,那些古老的经典似乎也开始焕发出青春的活力来了。现代新儒学面对着西方流行的"现代性""后现代性"理论,临危不惧、自信坚定。而人们也已经从《孟子》中看到了现代文明的光明之路。

孟子的"义利之辨"有助于今日"私德"的彰显与"公德"的建立,也对合理处理二者间关系有启示作用。从这一点出发,我们还会发现,当今社会"求利"和"遵义"应该是不矛盾的,也只有认清了这一点,才能对今日社会公平、正义的建设做出正确的选择。

孟子的"民本思想"为现代民主社会的建立,提供了沉淀千年的沃土,这种东方式的"民主"更符合东方人内在含蓄的特质。其道德自由与政治民主并行不悖的特质,更有利于我们在建立民主的同时,避免走进"伪民主"的歧途,而伤害了人之道德本性。

孟子"勿夺其时"的思想，为当代严峻的环境问题和备受关注的"环境经济学"提供了一种古老的智慧。如何在利用自然的同时，保持自然的正常代谢？如何在天人之间寻得平衡？

孟子的"内圣外王"之说，一方面在传统的基础上，加深个人的道德修为成为当代社会中极为重要的一面；另一方面在现代的冲击下，增强个人服务社会、承担社会责任的公共意识，又成为现代社会不可或缺的一环。今天，儒家在现代性的转型过程中，已由个人修养的培育，

清明踏春
清明在每年的4月5日前后，是扫墓、踏春的时节。清明一到，万物开始一派勃勃生机了。此时的大地，已经开满了春花，人们经过了一冬的蛰伏，告别了初春的料峭，开始感受到温暖的气息了

逐渐拓宽到促进民主、自由、科学的发展，这也成为了儒家在现代化社会中扮演的重要角色的助推力。

更令人欣喜的是，对于《孟子》中"求其放心""养浩然之气"的心灵修养与身体修养法，也成为了现代都市人在面对巨大压力时，时刻保持积极向上的健康心态，甚至强壮体魄的良药。

《孟子》在今天受到了很多人的关注，各种版本的注释、通解，纷纷登上了畅销书的榜单。无论这些书中所讲的孟子究竟是怎样的一个人，都不妨碍我们在"接触"孟子时，所感到的震撼与慰藉。《孟子》正在当代社会逐渐复兴。它的复兴，不仅仅有利于全世界的政治和平，更加有利于我们每个人培养内在的志气，让我们在面临各种困境的时候，做一个顶天立地的"大丈夫"。

图书在版编目（CIP）数据

仁心与仁政：孟子 / 袁晓晶著. — 郑州：中州古籍出版社，
2014.7
（华夏文库）
ISBN 978-7-5348-4764-6

Ⅰ.①仁… Ⅱ.①袁… Ⅲ.①孟轲（前372～前289）- 人物
研究 Ⅳ.①B222.55

中国版本图书馆CIP数据核字（2014）第083150号

华夏文库·儒学书系
仁心与仁政：孟子

总 策 划　耿相新　郭孟良
责任编辑　张　佳
责任校对　周　靖
封面设计　新海岸设计中心
版式设计　曾晶晶
美术编辑　曾晶晶
责任印制　刘新毅
项目统筹　单占生　萧　红（执行）

出　版　中州古籍出版社
　　　　　地址：河南省郑州市经五路66号
　　　　　邮编：450002
　　　　　电话：0371-65788693
经　销　新华书店
印　刷　河南新华印刷集团有限公司
版　次　2014年7月第1版
印　次　2014年7月第1次印刷
开　本　960毫米×640毫米　1/16
印　张　8印张
字　数　60千字
印　数　1—3000册
定　价　21.00元

本书如有印装质量问题，由承印厂负责调换